C.H.BECK  WISSEN

in der Beck'schen Reihe

W0076167

Dieses Buch erzählt die Geschichte des sächsischen Herrscherhauses, das die Geschicke Mitteleuropas in einer prägenden
Phase mehr als ein Jahrhundert lang bestimmte. Die „Ottonen" selbst — von den Historikern so genannt nach drei
Kaisern namens Otto, die von 936 bis 1002 nacheinander regierten — stehen im Zentrum der Darstellung. Sie zeigt auf, in
welcher Situation Heinrich I. 919 zum Königtum gelangte
und sein Sohn Otto I. 961/962 das Königreich Italien und das
römische Kaisertum erwarb, und sie verfolgt, wie sich mit der
Geschichte des Königshauses allmählich die Strukturen des
von beiden geschaffenen Reiches veränderten. Als Heinrich II., der als Sproß einer Seitenlinie 1002 dem kinderlos
gebliebenen Otto III. nachgefolgt war, 1024 selbst ohne Nachkommen starb, hatten das „Römische Imperium" und in diesem Imperium ein „deutsches Königreich" eine langfristig
wirkende Gestalt erhalten, nicht nur als politische Gebilde,
sondern vor allem auch in ihrer inneren Ordnung. Das religiöse Verständnis der Herrschaftsordnung sowie die Förde-
rung der Kirchen durch das Königshaus, seine Verwandten
und Helfer haben diese Gestalt entscheidend mitgeformt. Wie
die dynastische, politische, ereignisgeschichtliche und kultu-
relle Entwicklung verlief, auf welchen Grundlagen die Macht
der Ottonen beruhte und was von ihrem Wirken bis heute geblieben ist, wird von Hagen Keller in diesem Buch kompetent,
anschaulich und allgemeinverständlich beschrieben.

Hagen Keller lehrte bis 2002 als Professor für Mittelalterliche
Geschichte an der Westfälischen Wilhelms-Universität Münster. Unter seinen zahlreichen Publikationen zur Geschichte
des Früh- und Hochmittelalters haben die Beiträge zum Zeitalter der Ottonen ein großes Gewicht. So war er in besonderer
Weise als Autor für dieses Buch prädestiniert.

Hagen Keller

DIE OTTONEN

Verlag C.H.Beck

Mit zwei Stammbäumen von Michael Tieke, Münster.
Die Karte der ottonischen Herrschaftsgebiete wurde entnommen
aus: Gerd Althoff/Hagen Keller, *Heinrich I. und Otto der Große.*
Neubeginn auf karolingischem Erbe, [2]1994, S. 260,
© Muster-Schmidt Verlag, Göttingen 1985

1. Auflage. 2001
2., durchgesehene Auflage. 2001
3., durchgesehene Auflage. 2006

4., aktualisierte Auflage. 2008
Originalausgabe
© Verlag C.H. Beck oHG, München 2001
Gesamtherstellung: Druckerei C.H. Beck, Nördlingen
Umschlagmotiv: Herrscherbild Ottos III., Reichenau-Evangeliar,
um 1000; © akg-images, Berlin
Umschlagentwurf: Uwe Göbel, München
Printed in Germany
ISBN 978 3 406 44746 4

www.beck.de

Inhalt

Dank

Manuela Blickberndt hat das immer wieder gekürzte und veränderte Manuskript mit Sorgfalt und Verständnis geschrieben; meine Frau Hanni Keller, Gerd Althoff, Thomas Scharff und Stefan von der Lahr haben den Text mit hilfreicher Kritik gelesen, Thomas Scharff, Stefan Ast und Hartmut Beyer die Korrekturen mitgelesen und das Register erstellt; Stefan von der Lahr hat die Drucklegung vorbildlich betreut. Ihnen allen sei herzlich gedankt.

Münster, im April 2001   *Hagen Keller*

I. Interesse an den Ottonen –
Wissen über die Ottonen

Die Ottonen finden gegenwärtig großes Interesse bei einem breiten Publikum. Allerdings besteht eine Diskrepanz zwischen dieser Anziehungskraft der Zeit um die erste Jahrtausendwende und dem Stellenwert, der in unserer Gesellschaft historischem Wissen über ferne Zeiten eingeräumt wird. So stellt sich die Frage: Was verbinden Menschen bei uns heutzutage mit den Ottonen?

Vor hundertfünfzig, auch noch vor fünfzig Jahren hätte man die Frage zumindest in Deutschland nicht auszusprechen gewagt. Wer die Ottonen sind und wofür sie stehen, das zu wissen gehörte hier zur Allgemeinbildung. Mit festen Vorstellungen über die Ottonen und ihr Reich begeisterten sich Menschen oft für dieselben Phänomene und Objekte, die auch heute noch faszinieren. Und doch hätten frühere Generationen in einer Ottonen-Ausstellung vielfach wohl anderes gesucht als das heutige Publikum; Ausstellungsmacher hätten mit denselben Objekten anderes vermittelt. Was sie machten, hätten sie nicht erklären müssen, denn von der nationalen Bedeutung der Ottonen waren alle überzeugt. Die vermeintlichen Selbstverständlichkeiten sind von der Geschichtsforschung der letzten Jahrzehnte erschüttert worden. Was es vielen Generationen ermöglicht hatte, die Geschichte der Ottonen mit der eigenen Vergangenheit zu identifizieren, hat sich in entscheidenden Punkten als anachronistische, zeitbedingte und ideologieanfällige Sichtweise erwiesen. Unberührt davon suchen Menschen in ihrem Interesse für die Ottonen heute anderes als frühere Generationen. Doch mischen sich in ihre Neugier unbemerkt alte Klischees?

Vom 19. Jahrhundert bis in die Zeit nach dem Zweiten Weltkrieg galten die Ottonen als die ersten deutschen Könige. Nicht immer wurde ihnen diese Rolle so eindeutig zugeschrieben. Nach 1840 hatte man Ludwig „den Deutschen" (833/840–876) als „ersten deutschen König" entdeckt.

Die Teilung des Karolingerreiches im Vertrag von Verdun, der Ludwig 843 ein „ostfränkisches Reich" zusicherte, wurde als Beginn eigenstaatlicher Existenz Deutschlands bewertet. Doch Ludwig teilte sein Reich wieder unter seine Söhne; umgekehrt regierte der jüngste von ihnen noch einmal das ganze fränkische Großreich, weil ihm durch den Tod seiner Verwandten alle Teilreiche zugefallen waren. Nach seiner Absetzung 887 begannen sich die Teile des Frankenreiches langsam voneinander zu lösen, ohne daß die zukünftige Gestalt des Karolingererbes schon zu erkennen war.

So lenkte die Suche nach der Entstehung des deutschen Reiches den Blick auf die Ottonen. Das geschah nicht ohne historische Berechtigung. 919 wurde der Sachsenherzog Heinrich im ostfränkischen Reich zum König erhoben; seit 925 brachte er auch Lothringen, bisher ein eigenes Teilreich, unter sein Szepter. Indem er 936 diese Herrschaft an seinen Sohn Otto I. weitergab, begründete er gleichzeitig ein neues Königshaus und ein selbständiges Reich. Dieses wurde bis 1806 nie mehr geteilt; von seiner geographischen Ausdehnung her war es über weite Strecken mit dem modernen Deutschland deckungsgleich. Im 19. Jahrhundert bezweifelte fast niemand, daß das Reich Heinrichs „das Deutsche Reich" war. Unter Heinrichs Herrschaft hatte, wie man meinte, das deutsche Volk erstmals und zugleich dauerhaft in einem eigenen Staat zusammengefunden.

Im Zeitalter der Romantik suchte man, wenigstens soweit man es sich monarchisch wünschte, ein wiedererstehendes Deutsches Reich in der Kontinuität des alten Kaiserreiches. Man träumte nach 1815 von Kaiser Friedrich Rotbart, der nach alter Sage im Kyffhäuser schlief und, wie man hoffte, bald – vielleicht in der Gestalt des preußischen Königs – wieder heraustreten würde, um den Deutschen ihr Reich, ihre nationale Einheit und den Glanz des Kaisertums zurückzubringen. Die Reichsgründungsgeneration von 1870/71 aber dachte in Gründerfiguren, die dem deutschen Volk seinen Staat geben und dem deutschen Reich imperiale Größe verschaffen. In den Ottonen, vor allem in Heinrich I. und Otto dem Großen, erkannte sie sich wieder.

Doch wie man sich um die großdeutsche oder kleindeutsche Lösung für den Nationalstaat stritt, so stritt man sich gleich auch um die Reichsgründung im 10. Jahrhundert. „Politisch denkende" Historiker meinten, Otto I. habe die nationalen Interessen – so, wie sie selbst sie neun Jahrhunderte später definierten – verkannt, als er Italien und die Kaiserkrone erwarb; Ostpolitik hätte er betreiben müssen und die slawischen Gebiete – man sprach nur selten von den Völkern – erobern sollen, wie es sein Vater Heinrich angeblich begonnen hatte. Zwar zeigten andere Historiker sofort das Anachronistische der Urteile auf, doch sie wurden populär bis weit ins 20. Jahrhundert.

Obwohl die Verzeichnungen der Ottonenzeit in diesem Geschichtsbild heute offenliegen, kann man die Fehlbewertungen aus zwei Gründen nicht einfach vergessen. Denn eben in jener Zeit, in der das Bild entstand, sind auch entscheidende Grundlagen unseres Geschichtswissens erarbeitet worden. Wer sich wissenschaftlich mit den Ottonen befaßt, benutzt noch immer die vor mehr als hundert Jahren erschienenen Werke. Doch Wissenschaftler stellen für die folgenden Historikergenerationen nicht einfach neutrale Fakten bereit. Unvermeidlich bieten sie die Faktenrekonstruktion sozusagen mit einem eingewobenen Geschichtsbild. Zwar liest jede Generation aufgrund ihrer Erfahrung und Interessen sowie aufgrund neuer Erkenntnisse die Quellen neu und entdeckt manches, was bisher völlig übersehen wurde; für die Ottonenzeit ist dies gegenwärtig sogar sehr viel. Aber überkommene Geschichtsbilder und ältere Forschungsmeinungen wirken auf jeden Leser ein und können ein vermeintlich eigenes Verständnis um so leichter mitbestimmen, je weniger man sie reflektiert.

Damit sind wir beim zweiten Grund, dessentwegen man die Verzeichnungen im Geschichtsbild der preußischen Kaiserzeit und der Nachweltkriegsepoche nicht „einfach vergessen" kann. In den nationalistischen Zuspitzungen waren bereits die Zerrbilder angelegt, mit denen sich dann die Gründer eines „Dritten Reiches" auf die Ottonen beriefen, insbesondere auf Heinrich I. Zur tausendsten Wiederkehr seines Todestages im

Jahr 1936 wurden – am Ort seines Grabes, unter Berufung auf ihn – Elemente der eigenen Ideologie propagiert: Neuheidentum, Rassismus, Kampf gegen als „artfremd" Diffamiertes und für die sogenannte Volkstums- und Lebensraumpolitik im Osten. Chefideologen und „Mitläufer" funktionierten die Erinnerung an die Ottonen zu aggressiver nationalistischer Propaganda um. Dieser ideologische Mißbrauch war in der Geschichtswissenschaft mitvorbereitet worden durch die Art und Weise, in der Historiker nach dem Ersten Weltkrieg die Machtfrage, die Ostpolitik, die Rolle von Führertum und Volk sowie den Volkstumsgedanken in den Vordergrund gerückt hatten.

In der Mediävistik löste Himmlers Tausend-Jahr-Feier von 1936 Gegenreaktionen aus, denen eine intensive Erforschung der Ottonenzeit, insbesondere der Geschichte Heinrichs I., zu verdanken ist. Doch auch Historiker, die klar auf Distanz zur Vereinnahmung der Ottonen durch die NS-Ideologie gingen, sprechen im Vokabular ihrer Zeit, um Geschichte zu erklären. Wie weit wirken in der Wissenschaft und beim breiteren Publikum anachronistische Bewertungen nach, weil man ihnen in durchaus noch lesenswerten älteren Büchern begegnet, weil sie aus manchmal vagem Wissen heraus vertraut erscheinen, weil sie vieles einschließen, was noch im aktuellen Geschichtsbild als gesichert gilt?

Man müßte solche Fragen nicht so nachdrücklich stellen, wenn nicht nach dem Zweiten Weltkrieg das Interesse an so vergangenen Zeiten wie dem 10. Jahrhundert mehr und mehr nachgelassen hätte und ein fundierteres Wissen darüber auch bildungspolitisch zum entbehrlichen Luxus erklärt worden wäre. Was sich in der Geschichtswissenschaft an veränderten Sichtweisen ausformte, blieb dadurch fast ohne weiterreichende Resonanz. In der kollektiven Erinnerung verblaßte die Ottonen-Zeit. Nach den Propagandaorgien von 1936 ließ man den tausendsten Jahrestag der Kaiserkrönung und des Todes Ottos I. 1962 und 1973 ohne offiziöse Akte verstreichen; nur das Institut für österreichische Geschichtsforschung in Wien veranstaltete 1962 eine große Gedenkfeier. Allem Anschein nach wußte man in Deutschland nicht, wie man mit dieser Vergangenheit umgehen sollte, ohne zugleich nationalistische Vergangenheitsbilder wiederzubeleben. So blieb die Wissenschaft für Jahrzehnte fast unter sich, während sie ein neues Panorama der ottonischen Epoche erarbeitete.

Aus dieser „Geschichtsferne" scheint die Gesellschaft auch in Deutschland wieder aufzutauchen. Doch das Interesse an der Ottonenzeit ist kaum noch im früheren Sinn auf die nationalen Anfänge gerichtet. In der Begegnung mit dem 10. Jahrhundert werden keine stilisierten Heroen der Nationalgeschichte mehr gesucht. In Biographien will man das Leben früherer Menschen spüren, und nach diesem Leben sucht man besonders auch außerhalb der Sphäre der Macht bis in den schwer erkennbaren, nur sporadisch und einseitig dokumentierten Alltag hinein. Das Publikumsinteresse orientiert sich damit in die gleiche Richtung, in die sich auch die Forschung der letzten Jahrzehnte bewegt. Sie sucht nach angemesseneren Modellen für das Verständnis der politischen Neuanfänge im Europa des 10. Jahrhunderts, weil diese sich mit den Kategorien von Volk und Staat nicht erklären lassen; sie fragt nach Strukturen und Mentalitäten, Daseinsordnungen und Verhaltensweisen, materiellen Gegebenheiten und Alltagsleben. So scheint es, als seien Wissenschaft und ein historisch interessiertes Publikum in den letzten Jahren dabei, sich sozusagen gegenseitig wiederzuentdecken.

In zwei Bereichen vor allem hat sich das Geschichtsbild tiefgreifend gewandelt. Aufgebrochen wurden einmal die falschen Gleichsetzungen von Damaligem und Heutigem, die den demagogischen Mißbrauch von Geschichte für Gegenwartsziele so leicht gemacht haben. Zum anderen gewann man angemessenere Zugänge zur politisch-gesellschaftlichen Organisation jener Zeit einschließlich ihrer Normenordnungen und religiösen Haltungen.

Wie das nationalstaatliche Geschichtsbild seine Selbstverständlichkeit und seine Gewißheiten verlor, zeigten schon die heftigen Debatten um die Entstehung des Deutschen Reiches seit den späten 1930er Jahren. Immer deutlicher trat in den letzten Jahrzehnten zutage, daß es die Vorstellung „deutsch" im 10. Jahrhundert noch gar nicht gab. Erst im 11. Jahrhundert taucht der Begriff „deutsches Königreich" in den Quellen auf. Doch er bezeichnete nur einen Teil des Hoheitsgebietes, über das die Kaiser seit Otto I. geboten. Die mit ihnen regierenden Großen vielstämmiger Herkunft wurden sich dessen bewußt, daß sie im Römischen Imperium eine besondere Gemeinschaft bildeten, die mitverantwortlich war für eine Teileinheit, das *Regnum Teutonicum.*

Keiner der Herrscher hat sich aber als deutscher König gesehen. Ihr Reich war seit Otto I. das „römische Imperium". Seitdem Papst Gregor VII. (1073–1085) versucht hatte, Heinrich IV. vor der Kaiserkrönung nur als „deutschen König" zu behandeln, legten sich dieser und seine Nachfolger den Titel „Römischer König" zu. In Aachen wurden sie nach ihrer Auffassung nicht zum deutschen König gekrönt, denn den gab es trotz der Existenz eines deutschen Königreiches nicht, sondern zum König über das gesamte Römische Reich und künftigen Kaiser.

Die Verabschiedung von nationalen Mythen gibt keine Antwort auf eine entscheidende Frage: Was bedeutet jene Zeit für die weitere staatliche und auch politisch-gesellschaftliche Entwicklung Europas? Nicht nur das Reich, das man bald schon das deutsche nannte, nicht nur das Imperium, das dann zum Heiligen Römischen Reich wurde, sind damals entstanden – und gewannen eine vielhundertjährige Kontinuität. Für die staatliche Entwicklung von Dänemark, Polen, Tschechien, Ungarn, Kroatien oder des Reiches der Rus von Kiew, in anderer Weise von Frankreich und England besitzt das 10. Jahrhundert eine entscheidende Bedeutung; in manchen Ländern wurde mit Tausendjahrfeiern an signifikante Daten erinnert. Überall bezog man sich auf Anfänge, entstanden in einer tiefgreifenden – wo sie mit der Christianisierung verbunden waren, sogar radikalen – Transformation. Doch man begreift die damalige „Staatenbildung in Europa" nicht, wenn man diesen

Prozeß nicht als wichtigen Schritt in der Formung der europäischen Gesellschaften, der lateinischen Christenheit, insgesamt versteht, ihrer Organisationsformen und Denkweisen, nicht zuletzt ihres Bildes von sich selbst. Am Beispiel des ottonischen Königshauses und seines Reiches soll dies hier anschaulich gemacht werden.

II. Ein neues Königshaus

Zerfall und Transformation des fränkischen Großreiches

Fundament und Zentrum eines Königreichs waren im früheren Mittelalter nicht Institutionen, nicht ein die Regierenden überdauernder Apparat der Herrschaftsorganisation. Die konkreten Machtmittel erschienen nur als eine Voraussetzung, und nicht einmal als eine hinreichende, damit das zur Geltung kommen konnte, was man als eigene, eigenständige, von Gott zur Ordnung der Welt gesetzte Größe ansah: Königtum, Königsherrschaft zur Lenkung des Volkes und zum Wohl seines Landes. Königtum ist dabei zunächst ganz personal zu verstehen: als eine Reihe einzelner, von Gott berufener, von Königen abstammender, sich rechtmäßig folgender, vom Volk anerkannter Herrscher. Von einem solchen Königtum her erhielten Reiche ihre Dauer, ihre Grenzen, ihre Gestalt und Struktur. Das gilt auch für das 10. Jahrhundert in ganz ausgeprägtem Maße. Und doch beginnt mit der Herrschaft der Ottonen zugleich etwas Neues.

Das fränkische Großreich, in dessen Nachfolge das ottonische Reich steht, war von der Zeit um 500 n. Chr. an zweieinhalb Jahrhunderte lang von den Angehörigen nur einer Sippe, den Merowingern, regiert worden. Unter den lebenden Männern – Brüder, Onkel und Neffen, Vettern – wurde es je nach ihrer Zahl in temporäre Einheiten, Herrschaftsgebiete jeweils eines Merowingers, aufgeteilt. Als 751 der Hausmeier Pippin den „Königsnamen" an die Karolinger brachte, tat er es unter größter Vorsicht, mit expliziter Zustimmung der Franken und mit päpstlicher Absegnung, obwohl die eigentliche Königsmacht seit Jahrzehnten in der Hand seiner Vorfahren lag. Seither trugen wiederum nur Mitglieder der karolingischen Sippe die Krone; jeder als legitim anerkannte Königssohn erhielt, wie auch früher üblich, durch vorübergehende Teilung des Gesamtreiches sein eigenes Königreich. Unbeschadet der Tatsache, daß ihm viele Völker angehörten, galt das karolingische wie schon das merowingische Großreich als „Reich der Franken", weil es von einer Königssippe fränkischen Stammes regiert und von den führenden Familien der Franken getragen wurde; trotzdem waren Adelsfamilien aus den anderen Völkern zusammen mit den fränkischen Großen an der Herrschaft der Frankenkönige beteiligt, nicht nur im jeweiligen Herkunftsgebiet, sondern in allen Teilen des „Reichs der Franken".

Am Ausgang des 9. Jahrhunderts geriet das Karolingerreich in eine Krise, die es nicht überlebte. Nicht nur wurde es seit langem durch fast jährliche Invasionen, vor allem durch Normanneneinfälle, schwer heimgesucht und durch nicht enden wollende innere Kämpfe verwüstet. Als eine Gruppe von Verschwörern aus Bayern, Ostfranken, Alemannien und Sachsen Ende 887 den schwerkranken Kaiser Karl III. abgesetzt hatte und dieser kurz danach starb, schien es keinen thronfähigen Karolinger mehr zu geben. Im ostfränkischen Teilreich, später auch im lothringischen übernahm der als illegitim betrachtete Arnulf von Kärnten (†899) die Königsherrschaft, die dann an seinen noch unmündigen Sohn Ludwig das Kind (†911) überging. Im westfränkischen Teilreich erkannte man 893 den nachgeborenen Sohn König Ludwigs des Stammlers (†879), Karl den Einfältigen (†929), als echten Karolinger an, nachdem man ihn zunächst beiseite geschoben hatte. Seit 888 wurden aber zugleich in allen Teilen des Karolingerreiches Männer zum Königtum erhoben, deren Väter keine Könige gewesen waren, stets Männer aus höchstem fränkischen Adel; von ihnen hat keiner eine unbestrittene Königsherrschaft aufrichten können, keiner – sieht man von den hochburgundischen Rudolfingern mit ihrem auf Familienpositionen errichteten „Königreich" zwischen Jura und Alpen einmal ab – eine Königsdynastie begründet. Nicht nur das Karolingerreich als Ganzes zerfiel; auch die Teilreiche, in die es zum Schluß gegliedert war, befanden sich in einem Prozeß der Auflösung. Das Königtum als solches schien im Begriff, seine tragenden Legitimationen zu verlieren, mochte man auch auf kirchlichen Synoden diejenigen verdammen, die es wagten, „die Hand gegen die Gesalbten des Herrn", d.h. gegen Bischöfe und die geweihten Könige, zu erheben.

Vor diesem Hintergrund wird das Neue erkennbar, das sich in der Herrschaft der Ottonen manifestiert. Mit Heinrich I. wird 919 ein Mann aus sächsischem Adel zum König erhoben. Ihm gelingt es, die Herrschaft an seine Nachkommen weiterzugeben. Doch nicht mehr alle seine Söhne werden Könige, sondern nur einer, der Erstgeborene Otto: Heinrich ist nicht der Stammvater einer neuen Königssippe, sondern eines neuartig strukturierten Königshauses. Und obwohl er und seine Nachkommen sächsischer Herkunft sind, ist ihr Reich kein „Reich der Sachsen". Es führt eine fränkische Tradition fort; doch die in ihm vereinten Völker – die Franken an Mittelrhein und Main, die Sachsen mit den Thüringern, die Bayern, die Alemannen oder Schwaben – sind der Königsherrschaft gleichberechtigt zugeordnet. Unter Heinrich wird seit 925 das Königreich Lothringen mit dem ehemaligen ostfränkischen Reich verbunden und verschmilzt dann mit ihm in einer dauerhaften Einheit, die man im 11. Jahrhundert „deutsches Königreich" zu nennen beginnt. Otto I. fügt diesem 961 ein zweites, das „italische Königreich" hinzu. Beide werden dann bis zum Ende des Mittelalters gemeinsam von einem Herrscher regiert, hier jedoch ohne eine verschmelzende Integration. Der Herr beider Reiche besitzt einen besonderen, das Königtum überhöhenden Rang: Otto I. empfängt 962 zugleich die Kaiserkrone. Mit der Herrschaft über beide Königreiche bleibt fortan das Kaisertum fest verbunden. So entsteht innerhalb weniger Jahrzehnte etwas Neues, als politisches Gebilde fester in der Gestalt und viel dauerhafter in seiner geschichtlichen Existenz als das fränkische Großreich. Um diesen Prozeß zu verstehen, darf man nicht zuerst auf die Geschichte eines Reiches und seiner Erweiterungen schauen, sondern muß den Blick auf die für die damalige Zeit entscheidende Größe fokussieren: auf die als „die Ottonen" bezeichnete Familie, auf das ottonische Königshaus.

Die Ottonen haben sich nicht selbst so genannt, sondern erst im Rückblick diesen Namen erhalten. Zwar hat die Abfolge von drei Kaisern namens Otto – Vater, Sohn und Enkel – schon unter Otto III. und seinem Nachfolger Heinrich II. (1002–1024) dazu geführt, daß man von ihnen summarisch als den *tres Ottones* sprach, und diese Ausdrucksweise haben spätere Kaiser ebenso wie Geschichtsschreiber übernommen. Sprachlich bedeutete dies einfach „die drei Ottos": Gemeint sind Otto I. (936–973), Otto II. (961/973–983) und Otto III. (983–1002). Die modernere Zeit, auch die heutige Geschichtswissenschaft, versteht unter „Ottonen" eine ganze Herrscherfamilie, zu der zunächst einmal auch König Heinrich I. (919–936), der Vater Ottos I., gerechnet wird, ferner der gerade erwähnte Kaiser Heinrich II.; denn über seinen Vater Heinrich (†995) und seinen Großvater Heinrich (†955), beide Herzöge von Bayern, war er gleich seinem Vorgänger Otto III. ein Urenkel Heinrichs I. Zur Familie der Ottonen gehören auch die Gemahlinnen der Herrscher, die Königinnen Mathilde und Edgith, die Kaiserinnen Adelheid, Theophanu und Kunigunde, sodann die weiteren Königssöhne und -töchter, die Söhne mit einem Herzogtum ausgestattet oder zu höchsten kirchlichen Würden erhoben, die Töchter mit Herzögen und fremden Königen verheiratet oder Äbtissinnen in den reichen, „ottonischen" Klöstern Gandersheim und Quedlinburg oder auch Essen.

Obschon er wesentlich älter ist, hat der Begriff „die Ottonen" erst im Laufe des 20. Jahrhunderts eine andere Bezeichnung weitgehend verdrängt, unter der die Familie vom 19. Jahrhundert bis in die Zeit des Zweiten Weltkriegs hinein fast allgemein geführt wurde: „das sächsische Königshaus" oder, da die Könige seit Otto I. auch Kaiser waren, „die Herrscher aus sächsischem Hause". Zwei Elemente dieser Terminologie besaßen schon für die ottonische Zeit zentrale Bedeutung: daß die Könige und Kaiser sächsischer Herkunft, d.h. „Sachsen" waren und daß ihr „Haus" alle anderen Adelsfamilien im Reich, auch die mächtigsten, dadurch überragte, daß Gott selbst sie, wie man fest glaubte, zur Königsherrschaft und zum Kaisertum berufen hatte.

Liudolfinger und Ottonen

Versucht man, der sächsischen Herkunft der Ottonen nachzugehen, so gelangt man nur bis zum Großvater Heinrichs I. zurück, dem „Herzog" Liudolf († 866), einem hohen karolingischen Amtsträger in Sachsen. Zusammen mit seiner Gemahlin Oda, Tochter eines Billung und einer Aeda fränkischer Abstammung, hatte er gegen 850 ein Frauenkloster gegründet, das bald nach Gandersheim verlegt wurde. Drei Töchter standen bis 919/920 dem Konvent nacheinander vor und sorgten wie weitere Angehörige der Familie aus den folgenden Generationen als Äbtissinnen dafür, daß das Gedächtnis der Stifter und ihrer Nachkommen nicht erlosch. So stammt vieles, was man über die ersten Ottonen und ihre Vorfahren weiß, aus der Gandersheimer Überlieferung; zur Zeit Ottos I. hat die Nonne Hrotsvith von Gandersheim diese Erinnerung in ein episches Gedicht über die Gründung und Geschichte ihres Klosters gefaßt.

Daß sich die Vorfahren Heinrichs I. nicht über seinen Großvater hinaus ermitteln lassen, bedeutet nicht, daß die Ottonen sozusagen aus kleinen Verhältnissen in raschem Aufstieg zum Königtum gelangt sind. Es liegt vielmehr daran, daß die Familienstrukturen und die Herrschaftsgrundlagen des Adels in jener Zeit andere waren als die, die wir aus der Geschichte der Fürsten- und Adelsfamilien seit dem 11./12. Jahrhundert gewohnt sind: daß innerhalb der Geschlechter, die dann auch Namen nach ihren Sitzen tragen, Herrschaft und Besitz im Mannesstamm nach festen Regeln – mit Vorrechten des ältesten Sohnes – weitergegeben werden.

Stammtafel I:
Die Liudolfinger

Äbt. = Äbtissin
Bf. = Bischof
Ebf. = Erzbischof
Gf. = Graf
Hg. = Herzog
Kg. = König
Ks. = Kaiser

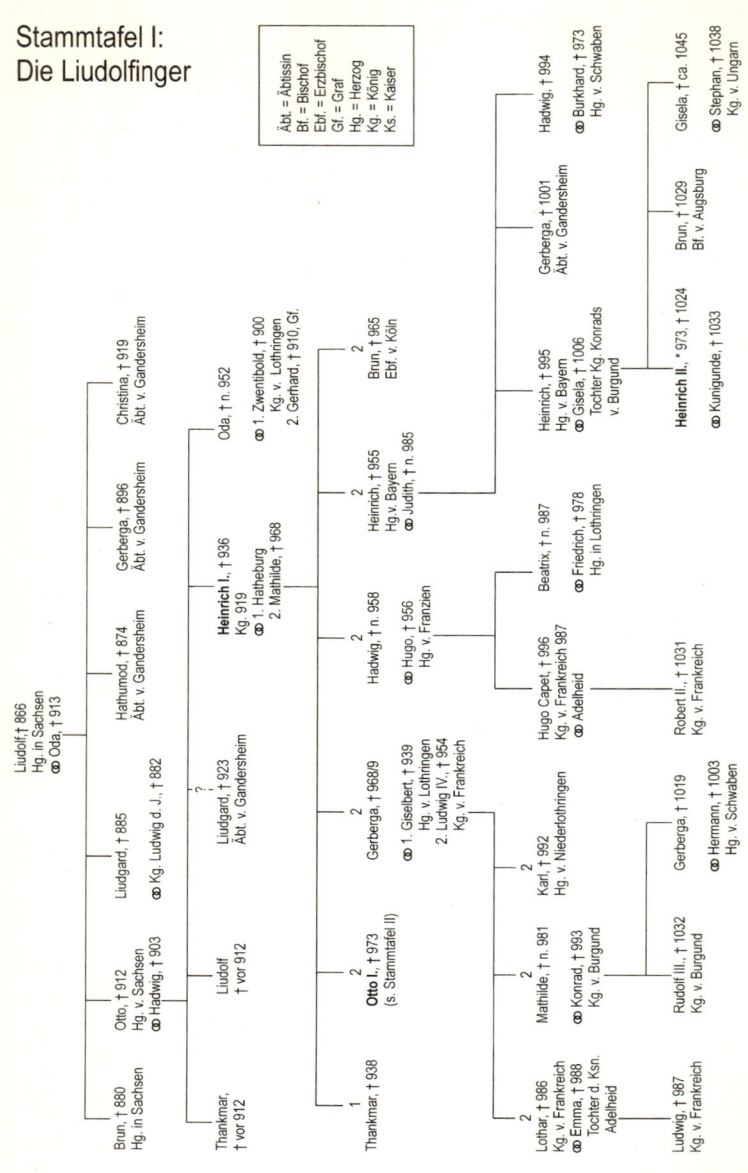

Liudolf, † 866
Hg. in Sachsen
⚭ Oda, † 913

Brun, † 880
Hg. in Sachsen

Otto I., † 912
Hg. v. Sachsen
⚭ Hadwig, † 903

Liudgard, † 885
⚭ Kg. Ludwig d. J., † 882

Hathumod, † 874
Äbt. v. Gandersheim

Gerberga, † 896
Äbt. v. Gandersheim

Christina, † 919
Äbt. v. Gandersheim

Thankmar, † vor 912

Liudolf † vor 912

Liudgard, † 923 ?
Äbt. v. Gandersheim

Heinrich I., † 936
Kg. 919
⚭ 1. Hatheburg
2. Mathilde, † 968

Oda, † n. 952
⚭ 1. Zwentibold, † 900
Kg. v. Lothringen
2. Gerhard, † 910, Gf.

Thankmar, † 938

Otto I., † 973
(s. Stammtafel II)
2

Gerberga, † 968/9
⚭ 1. Giselbert, † 939
Hg. v. Lothringen
2. Ludwig IV., † 954
Kg. v. Frankreich
2

Hadwig, † n. 958
⚭ Hugo † 956
Hg. v. Franzien
2

Heinrich, † 955
Hg. v. Bayern
⚭ Judith, † n. 985
2

Brun, † 965
Ebf. v. Köln
2

Lothar, † 986
Kg. v. Frankreich
⚭ Emma, † 988
Tochter d. Ksn.
Adelheid
2

Mathilde, † n. 981
⚭ Konrad, † 993
Kg. v. Burgund
2

Karl, † 992
Hg. v. Niederlothringen
2

Hugo Capet, † 996
Kg. v. Frankreich 987
⚭ Adelheid

Beatrix, † n. 987
⚭ Friedrich, † 978
Hg. v. Lothringen

Heinrich, † 995
Hg. v. Bayern
⚭ Gisela, † 1006
Tochter Kg. Konrads
v. Burgund

Gerberga, † 1001
Äbt. v. Gandersheim

Hadwig, † 994
⚭ Burkhard, † 973
Hg. v. Schwaben

Ludwig, † 987
Kg. v. Frankreich

Gerberga, † 1019
⚭ Hermann, † 1003
Hg. v. Schwaben

Robert II., † 1031
Kg. v. Frankreich

Heinrich II., * 973, † 1024
⚭ Kunigunde, † 1033

Brun, † 1029
Bf. v. Augsburg

Gisela, † ca. 1045
⚭ Stephan, † 1038
Kg. v. Ungarn

Rudolf III., † 1032
Kg. v. Burgund

18

Stammtafel II:
Die Ottonen

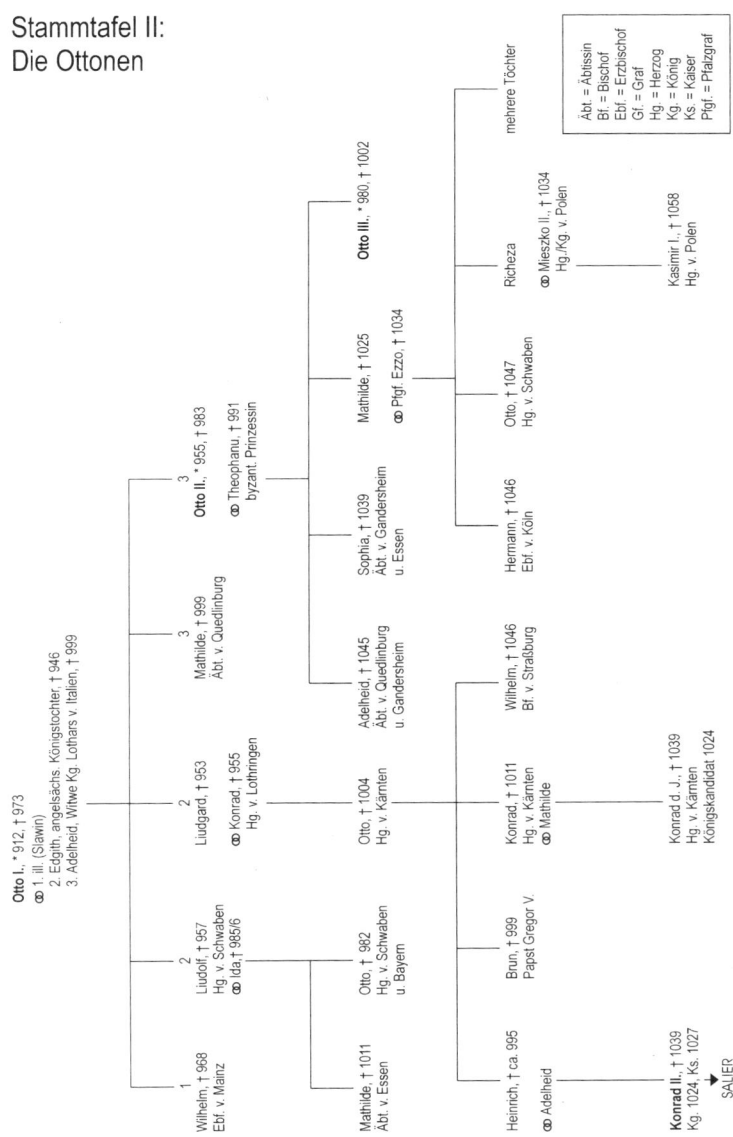

Otto I., * 912, † 973
oo 1. ill. (Slawin)
2. Edgith, angelsächs. Königstochter, † 946
3. Adelheid, Witwe Kg. Lothars v. Italien, † 999

1
Wilhelm, † 968
Ebf. v. Mainz

2
Liudolf, † 957
Hg. v. Schwaben
oo Ida, † 985/6

2
Liudgard, † 953
oo Konrad, † 955
Hg. v. Lothringen

3
Mathilde, † 999
Äbt. v. Quedlinburg

3
Otto II., * 955, † 983
oo Theophanu, † 991
byzant. Prinzessin

Mathilde, † 1011
Äbt. v. Essen

Otto, † 982
Hg. v. Schwaben
u. Bayern

Otto, † 1004
Hg. v. Kärnten

Adelheid, † 1045
Äbt. v. Quedlinburg
u. Gandersheim

Sophia, † 1039
Äbt. v. Gandersheim
u. Essen

Mathilde, † 1025
oo Pfgf. Ezzo, † 1034

Otto III., * 980, † 1002

mehrere Töchter

Heinrich, † ca. 995
oo Adelheid

Brun, † 999
Papst Gregor V.

Konrad, † 1011
Hg. v. Kärnten
oo Mathilde

Wilhelm, † 1046
Bf. v. Straßburg

Hermann, † 1046
Ebf. v. Köln

Otto, † 1047
Hg. v. Schwaben

Richeza
oo Mieszko II., † 1034
Hg./Kg. v. Polen

Konrad II., † 1039
Kg. 1024, Ks. 1027
→ SALIER

Konrad d. J., † 1039
Hg. v. Kärnten
Königskandidat 1024

Kasimir I., † 1058
Hg. v. Polen

Äbt. = Äbtissin
Bf. = Bischof
Ebf. = Erzbischof
Gf. = Graf
Hg. = Herzog
Kg. = König
Ks. = Kaiser
Pfgf. = Pfalzgraf

Dies war im Karolingerreich noch keineswegs der Fall. Ob Ämter oder Lehen beim Tod des Inhabers in der Familie blieben, hing von der Gunst des Königs und den jeweiligen Machtverhältnissen ab; wenn es so kam, konnte statt einem Sohn oder Bruder auch ein Schwiegersohn oder Schwager folgen. Hinsichtlich der Familiengüter war noch zur Zeit Ottos I. umstritten, ob beim Tod eines Mannes der Erbteil seinen Brüdern oder seinen Söhnen zustand; selbst in der karolingischen Königssippe wurde noch das ganze 9. Jahrhundert hindurch dem Anspruch der Söhne auf das Erbe am väterlichen Teilreich konkurrierend das „Anwachsungsrecht" der Vatersbrüder entgegengehalten. Man dachte in der Kategorie eines Sippenvermögens, und beim Tod eines Adligen übernahm unter Umständen ein entfernterer Verwandter aufgrund der vornehmeren Herkunft oder Heirat, seines höheren Ansehens, seines besonderen Rangs am Königshof, auch seiner altersbedingten Autorität vor den engeren Angehörigen die bedeutendsten Positionen aus dem Erbe. Da die Adelsfamilien überdies keine dauerhaften, als Herrschaftszentren ausgebauten Sitze hatten, da im Königsdienst ihr Tätigkeitsfeld sich oft weiträumig verlagerte, ist es meist nicht möglich, Filiationen über mehrere Generationen zu verfolgen, es sei denn, dem Historiker kommt – wie im Falle von Gandersheim – die Überlieferung eines Klosters über seine adligen Stifter zu Hilfe.

Bis in das 10. Jahrhundert erkennt man bei der Erforschung des Adels deshalb allenfalls Verwandtengruppen, denen sich in den Quellen erwähnte Einzelpersonen zuordnen lassen. Man benennt diese Gruppen mit Hilfe eines für die Sippe charakteristischen, wiederkehrenden Personennamens, eines „Leitnamens" in der Fachterminologie, spricht also von Konradinern, Brunonen oder Reginaren. Oder man benennt Familien nach dem ersten bezeugten Vorfahr, dessen Nachkommenschaft sicher zu belegen ist; die Forschung spricht hier vom „Spitzenahn". So werden die Nachkommen des sächsischen Herzogs Liudolf als „Liudolfinger" bezeichnet, die „Ottonen" als seine Nachfahren sind also im weiteren Sinn auch „Liudolfinger". Herzog Arnolf von Bayern, der 919 mit Heinrich I. um die Königswürde konkurrierte, gilt mit seinen Geschwistern und den eigenen wie den geschwisterlichen Kindern und Enkeln als „Luitpoldinger", weil er Sohn des Markgrafen Luitpold (†907) war, dessen Vater in den Quellen nicht zu ermitteln ist. Die gleichzeitigen Herzöge von Schwaben werden Burkhardinger genannt nach einem Markgrafen Burkhard (†911), dessen Namen dann auch sein Sohn und sein Enkel trugen, Herzöge zur Zeit Heinrichs I. und Ottos I.; hier weiß man beispielsweise, daß die Burkhardinger mit den schon unter Karl dem Großen mächtigen Hunfridingern zusammenhängen.

Auch wenn ein weiter zurückreichender Stammbaum nicht rekonstruiert werden kann, lassen die Quellen klar erkennen, daß die Liudolfinger, Luitpoldinger und Burkhardinger ebenso wie die Konradiner mit einigen anderen Familien zur Crème des Adels im ostfränkischen Reich gehörten. Nicht zufällig haben gerade sie im Auflösungsprozeß der Karolingerherrschaft die Führung jeweils in einem der im ostfränkischen Reich zusammengefaßten Völker erlangt: bei den Sachsen, den Bayern, den Alemannen und den Franken selbst, an deren Spitze sie als Herzöge mit königlichen Machtansprüchen traten. Alle waren sie irgendwie mit den Karolingern verschwägert oder verwandt und hatten in deren Diensten hohe Ämter wahrgenommen. Liudolfs Position in Sachsen war so bedeutend, daß Ludwig „der Deutsche" (833/840–876), als er seit 862 die künftige Teilung des ostfränkischen Reiches unter seine drei Söhne vorbereitete, denjenigen, der Franken und Sachsen regieren sollte, nämlich Ludwig den Jüngeren (865/876–882), mit Liudolfs und Odas Tochter Liudgard verheiratete. Liudolfs Sohn Brun fiel 880 als Anführer des sächsischen Heerbanns im Kampf gegen die Normannen; in die väterlichen Positionen rückte – unter König Ludwig, seinem Schwager – der jüngere Bruder Otto „der Erlauchte" nach. Auch er konnte eine seiner Töchter, nach der Großmutter Oda genannt, mit einem Karolinger, wenn auch aus einer als illegitim betrachteten Ehe, verheiraten: mit Zwentibold (†900), der 895 von seinem Vater, dem ostfränki-

schen König Arnulf (888–899), zum König Lothringens gemacht wurde. Ottos Frau Hadwig wurde ihrerseits als „Nichte der Könige" bezeichnet und gehörte einer der vornehmsten
ostfränkischen Familien an. Sie brachte den Namen Heinrich
in die liudolfingische Sippe, den dann ihr Sohn, König Heinrich I., erhielt und den später in jeder Generation mindestens
ein Mitglied der ottonischen Familie trug. Verwandte Had-
wigs gehörten unter König Ludwig dem Jüngeren und Kaiser
Karl III. (881–887) zu den einflußreichsten Großen, bevor
dann diese „älteren Babenberger" in einer blutigen Fehde
von der konkurrierenden Sippe der Konradiner ausgeschaltet
wurden. Kurz: Otto „der Erlauchte" war einer der angesehensten und mächtigsten Männer im Reich der letzten ostfränkischen Karolinger.

Ein sächsischer Herzog wird König des ostfränkischen Reiches

Bis dahin spiegelt die Geschichte der Liudolfinger spätkaro-
lingische Verhältnisse, mit charakteristischen Merkmalen, wie
sie ähnlich auch andere führende Familien im Ostfrankenreich
aufweisen. Wendet man sich dem Sohn Ottos des Erlauchten
zu, dem Sachsenherzog und späteren König Heinrich, erkennt
man, wie sich die Gegebenheiten veränderten. Im zerfallenden
Karolingerreich formten sich bei den Königs- und Herzogsfamilien andere Strukturen aus: Die Herrschaft über ein Königreich, über ein Herzogtum wurde nicht mehr geteilt; sollte
sie erblich sein, konnte jeweils nur ein Sohn dem Vater folgen.
Nicht zufällig bieten im ostfränkischen Reich die Ottonen,
die neue Königsfamilie, eines der ersten Beispiele für diesen
Prozeß.

Mit Ludwig dem Kind 911 war der letzte ostfränkische Karolinger gestorben; das Königtum übernahm der mächtigste
Laie aus dem Kreis derjenigen, die schon für den jungen Ludwig regiert hatten: der Konradiner Konrad (911–918). Erstmals trug nun auch hier ein Mann die Krone, dessen Vater
kein König war. Konrad versuchte, wie ein Karolinger zu re-

gieren; doch ihm, der einer aus ihren Reihen war, wollten die Häupter der Sachsen, Bayern und Schwaben keineswegs dasselbe zugestehen. Sie verlangten auch für sich einen Anteil an der karolingischen Hinterlassenschaft, an Pfalzen, Königsgut, Fiskalrechten, selbst an der Herrschaftslegitimation. Verdankten nicht auch sie ähnlich wie der von ihnen erhobene König ihre Herrschaftsstellung Gottes Gnade? So geriet auch Heinrich, kaum daß Otto der Erlauchte 912 gestorben war, mit dem neuen König in Konflikt: dieser habe ihm die väterlichen Positionen nicht ungeschmälert übertragen wollen. Es kam zu Fehden mit wechselseitigen Kriegszügen. Verdankten die Liudolfinger ihre Position bisher ganz wesentlich der Königsnähe, so standen sich Heinrich und der erste nachkarolingische König von Anfang an in Feindschaft gegenüber.

Von Konrad I. hatte Heinrich nichts zu erwarten, was zur Stärkung seiner Position hätte betragen können; er war aber auch nicht bereit, in seinem sächsisch-nordthüringischen Machtbereich dem König Herrschergewalt zuzugestehen. Sachsen blieb ein Teil des ostfränkischen Reiches und wurde doch zum königsfernen, vom Herzog regierten Land. Zwar ließ sich Heinrich nicht in einen so unversöhnlichen Konflikt mit dem König hineinziehen wie die nach dem Herzogtum greifenden Adligen in Schwaben, deren Widerstand erst die Enthauptung brach, oder wie Herzog Arnolf von Bayern, der zu den Ungarn ins Exil fliehen mußte. Vielmehr wurde 915, als Konrad nach Sachsen vorstoßen wollte und Heinrich bei seinen eigenen Gütern um Grone (heute in Göttingen) ihm entgegentrat, zwischen beiden ein Stillhalteabkommen ausgehandelt. Heinrich unterwarf sich wohl förmlich dem König, d. h. erkannte ihn in seiner Würde an, Konrad aber verzichtete auf direkte Ausübung der Königsherrschaft in Sachsen. Die Forschung geht davon aus, daß in dieses Abkommen wohl die Vereinbarung eingeschlossen war, daß Heinrich, sollte Konrad vor ihm sterben, mit fränkischer, d. h. vor allem konradinischer Unterstützung zum König erhoben werden solle.

Waren die Liudolfinger bisher stark fränkisch-karolingisch orientiert, so gab sich die Familie in den Auseinandersetzungen des beginnenden 10. Jahrhunderts ein sächsisches Profil. Etwa zu der Zeit, als die Verwandtschaft seiner Mutter Hadwig von den Konradinern endgültig vernichtet wurde und die Position seines Vaters Otto selbst als gefährdet erschien, um 906, holte Heinrich eine verwitwete Erbtochter des Grafen von Merseburg aus dem Kloster, um sie zu heiraten, und gewann so den für die Ottonen später so wichtigen Besitz an der Saale. Auf den Protest des Bischofs von Halberstadt trennte er sich von dieser Hatheburg und nahm 909 die blutjunge Mathilde aus der Verwandtengruppe der Immedinger zur Frau; durch die Mitgift fielen ihm Güter vor allem in Engern zu. Doch wichtiger war vielleicht der Gewinn an sächsischem Prestige. Mathilde stammte, wie die ottonischen Geschichtsschreiber hervorhoben, „aus der Sippe des großen Herzogs Widukind", der bis 785 den Kampf der Sachsen gegen den Frankenkönig Karl angeführt hatte. Zwar sind von den Vorfahren auch bei Mathilde wiederum nur die Eltern namentlich bekannt, so daß ihre Abkunft von Herzog Widukind nicht genauer nachgezeichnet werden kann. Doch dessen ungeachtet brachte sie eine sächsische, sozusagen nichtkarolingische Traditionslinie in die spätere Königsfamilie ein, und die wurde für die Selbstdarstellung der Ottonen und die Sicht der ottonischen Herrschaft bedeutsamer, als es der neue Machtzuwachs im Westen des sächsischen Herzogtums gewesen sein dürfte.

Nachdem König Konrad am 23. Dezember 918 gestorben war, wählten Franken und Sachsen im Mai 919 Heinrich auf einer Zusammenkunft in Fritzlar zum König. Die ottonische Familien-Saga hielt fest, daß dies nach Konrads letztem Willen geschah. Er habe den Franken die Wahl des Sachsen Heinrich befohlen und ihm durch seinen Bruder Eberhard die Insignien des Königtums überbringen lassen. Auf die Zeitgenossen muß es wie ein Zeichen an der Wand gewirkt haben, daß in einem Teil des ehemaligen Karolingerreiches ein Mann zum Königtum gelangte, der nicht nur in keiner direkten Blutsverwandtschaft mit der alten Königssippe stand, sondern nicht einmal fränkischer Abstammung war, ja der dem Volk angehörte, das die Frankenkönige als letztes ihrer Herrschaft unterwarfen und das erst unter Karl dem Großen und nicht ohne Zwang das Christentum angenommen hatte. Während fränkische Große unter konradinischer Führung das Königtum des ehemaligen Sachsenherzogs mittrugen, wurde es in Schwaben und Bayern zunächst nicht akzeptiert. Heinrich mußte seine Anerkennung als König durch Feldzüge gegen die Herzöge Burkhard und Arnolf erst erzwingen. Aber er unterjochte sie nicht, sondern machte sie zu seinen Freunden und Helfern – als anerkannte Häupter ihrer Völker wurden sie die ranghöchsten Männer in Heinrichs Königreich.

Sieht man von solchen Unternehmungen ab, scheint der neue König in den ersten Regierungsjahren Sachsen nur selten verlassen oder, wenn er es tat, die Grenzen nicht weit überschritten zu haben: zum Beispiel bis Fulda, wo sein Vorgänger Konrad bestattet war, um am Grab des heiligen Bonifatius zu beten, oder bis Bonn, um auf einem mitten im Rhein verankerten Schiff, genau auf der Grenze beider Reiche, einen Friedens- und Freundschaftsvertrag mit dem westfränkischen König Karl zu schließen, in dem sich beide als gleichrangige Herrscher anerkannten. Erst nachdem er das Königreich Lothringen, das seit 911 vom westfränkischen König regiert wurde, nach der Absetzung Karls durch mehrere Feldzüge unter seine Herrschaft gebracht hatte und sein Königtum im ganzen ostfränkischen Reich volle Unterstützung genoß, nicht zuletzt auch zur Abwehr der Ungarneinfälle, hielt Heinrich gelegentlich in Worms, Mainz oder Frankfurt Hof. Vornehmlich aber ist der König mit seiner Familie im Herzogtum Sachsen nachweisbar. Von Sachsen brach er auch zu den Slawenfeldzügen auf, die er um 930 führte. War er ein König, der von seinem Herzogtum aus ein ehemals fränkisches Teilreich regierte, oder bedeutete sein Königtum mehr?

Das „Haus" Heinrichs I.

So „vorläufig" der Forschung vieles an Heinrichs Königsherrschaft erschienen ist – spätestens zehn Jahre nach dem Regierungsantritt wurde offiziell, daß sie die Begründung einer neuartigen Königsdynastie eingeleitet hatte. Der König ordnete für die Zeit nach seinem Ableben sein „Haus", wie es eine Urkunde von 929 für seine Gemahlin Mathilde ausdrückt, und bestimmte seinen ältesten Sohn Otto zum Thronfolger. Aus der liudolfingischen Sippe wuchs ein Königshaus heraus, dessen genaue Struktur es jetzt zu finden galt. Auch aus der Verbindung Heinrichs mit Hatheburg war ein Sohn, Thankmar, hervorgegangen, doch die Ehe war annulliert worden, und so ließ man nur die Kinder Mathildes als legitime Nachkommen gelten. Sie hatte drei Söhne und zwei Töchter zur Welt gebracht, die das Erwachsenenalter erreichten: Otto, der am 23. November 912, eine Woche vor dem Tod seines Großvaters, geboren wurde; Gerberga, die 928 Herzog Giselbert heiratete, wodurch Heinrich den mächtigsten Mann in Lothringen eng an seine Familie band; dann Hadwig sowie den wohl 922 geborenen Heinrich und den 925 geborenen Brun. Welchen Status, welche Ausstattung sollte die Königswitwe, sollten die Brüder haben, wenn Otto – und nur er – König würde?

Als Heinrich I. daranging, „sein Haus mit Gottes Beistand durch ordnende Verfügungen zu bestellen", war dies nicht nur eine Familienangelegenheit, sondern es ging zugleich um das Reich. Diese Spannung führte nach seinem Tod zu schwersten Konflikten in der ottonischen Familie. Die Dispositionen von 929 bedeuteten in ihrer Gesamtheit den Schritt in neue Strukturen. Vor seinen Getreuen, mit Zustimmung und verpflichtender Zeugenschaft seines Sohnes Otto und auf Bitten der Bischöfe, Fürsten und Grafen traf Heinrich „in rechtssichernder Regelung" eine Entscheidung zugunsten seiner Gemahlin. Als Witwengut sollte sie insbesondere Quedlinburg, Pöhlde und Nordhausen besitzen, seine bevorzugten Aufenthaltsorte, d.h. Zentren des neuen liudolfingischen Königtums. Dem ältesten Sohn Otto wurde wohl damals schon ein ostsächsischer Güterkomplex mit Magdeburg zugewiesen; der jüngere Heinrich blieb aufgrund seines Alters vorläufig im königlichen Haushalt, während der Jüngste Brun für eine geistliche Laufbahn bestimmt und dem Bischof von Utrecht zur Erziehung übergeben wurde. Hintergrund dieser Maßnahmen war, daß im Königshaus selbst eine entscheidende Veränderung bevorstand. Der jetzt siebzehnjährige Otto sollte, zum Nachfolger im Königtum designiert, eine Tochter König Eduards des Älteren von Wessex (†924) zur Gemahlin erhalten, eine Halbschwester des regierenden englischen Königs Aethelstan (†939). Im Frankenreich wäre eine solche Heirat mit einer ausländischen Prinzessin sehr ungewöhnlich gewesen; doch jetzt, im 10. Jahrhundert, begannen die Königs- und Fürstenfamilien im Abendland häufiger solche Eheverbindungen zwischen den Reichen zu knüpfen. Schon gut zehn Jahre vor Otto hatte der westfränkische König Karl in zweiter Ehe ebenfalls eine Tochter König Eduards zur Frau genommen.

Der Brautwerbung aus dem ostfränkischen Reich maß König Aethelstan große Bedeutung zu; denn er schickte eine hochrangige Gesandtschaft unter Führung eines Bischofs an Heinrichs Hof mit zwei seiner Schwestern, aus denen Otto seine Gemahlin auswählen durfte, ließ von den Gesandten die berühmtesten Klöster in Heinrichs Reich mit großen Mengen an Silber und anderen Schätzen beschenken und sich in die Gebetsgemeinschaft der Konvente aufnehmen. Deutlicher konnte man nicht demonstrieren, daß es um die Freundschaft zwischen den Königen und ihren Königreichen ging. Von den beiden Schwestern nahm Otto Edgith zur Frau; die andere heiratete den Bruder des Königs Rudolf II. von Hochburgund. Durch diese Ehe verstärkte das sich formierende sächsische Königshaus seine Legitimation: Am Ottonenhof erinnerte man an die Stammesverwandtschaft mit den im 5. Jahrhundert vom Festland nach Britannien ausgewanderten Sachsen, pflegte die Verehrung des heiligen Königs Oswald (†642), der zu Edgiths Vorfahren gehörte; und es ist wohl kein Zufall, wenn man damals zu beiden Seiten des Meeres, in Sachsen und in England, häufiger das bis dahin ganz vereinzelt bezeugte Kompositum „Angelsachsen" zu gebrauchen begann. Sächsisch-liudolfingisch waren die Namen, die Otto und Edgith ihren Kindern gaben, dem wohl noch 930 geborenen Liudolf und der etwa ein Jahr jüngeren Liudgard.

Wie es schien, hatte Heinrich sein Haus bestellt. Und er hinterließ seinem Sohn anscheinend auch ein wohlbestelltes Reich. Anders als Konrad I. hatte er ein personales Netzwerk geschaffen, das seine Herrschaft überall trug. Wie alle Quellen der Zeit hervorheben, gelang es dem König, das ostfränkische Reich, das er zerrissen vorfand, zu befrieden, zu einen, zu stabilisieren; er hatte sein Herrschaftsgebiet ausgedehnt, wie man mit Verweis auf die biblischen Vorbilder rühmte; er hatte gegenüber den slawischen Völkern und den Dänen auf Kriegszügen teilweise brutal seine Stärke demonstriert. Vor allem hatte er 933 nach jahrelangen, gezielten Vorbereitungen die in sein Reich eingefallenen Ungarn besiegt, von denen er sich vorher neun Jahre lang Schonung des Reiches durch Tribute hatte erkaufen müssen. Dem Nachfolger schienen alle Wege geebnet zu sein.

Die Spaltung der Königsfamilie bei der Thronfolge Ottos I.

Im Zuge der väterlichen Hausordnung und seiner Vermählung wurde Otto wohl nicht nur in Sachsen, sondern 930 auch in Franken und in Aachen als der künftige Thronfolger vorgestellt. Doch was so in die Wege geleitet war, mußte nach Heinrichs Tod realisiert werden: daß der ältere Sohn ungeteilt Königtum und Reich übernahm, während der jüngere, von einer sicher üppigen Abfindung abgesehen, keine Position erhielt, wie sie nach herkömmlichen Auffassungen einem Königssohn angemessen war. Da König Heinrich im Herbst 935 bei der Jagd im Harz einen Schlaganfall erlitt, aber erst am 2. Juli 936 in Memleben starb, ergab sich für den Thronfolger eine relativ lange Übergangszeit. Der Bruder Heinrich stand jetzt ebenfalls in wehrfähigem Alter; der spätere Streit um Mathildes Witwengut mag sich damals schon abgezeichnet haben, da in Quedlinburg bei der Grablege König Heinrichs ein Kanonissenstift unter Mathildes Leitung entstand – konnte der Thronfolger auf den repräsentativsten Platz des neuen sächsischen Königtums verzichten?
Glänzend inszenierte Otto I. seinen Herrschaftsantritt am 7. August 936 in Aachen: als regelrechte Darstellung der neu-

en Individualsukzession. Eine „allgemeine Wahl" auf lothringischem Boden demonstrierte, daß dieses Königreich mit dem ostfränkischen Reich unter seiner Herrschaft fest verbunden war; der Auftritt in der Pfalz und Kirche Karls des Großen zeigte zugleich, daß nun eine sächsische Dynastie die Königsmacht im Reich der Franken besaß. Nach den Berichten aus der Spätzeit Ottos „des Großen" verlief alles in großer Einmütigkeit. Die Erzbischöfe von Köln und Trier überließen dem Erzbischof von Mainz aufgrund seiner persönlichen Würdigkeit den Vortritt bei den Weihezeremonien und begnügten sich mit der Assistenz, obwohl der Mainzer Metropolitansprengel an Lothringen keinen Anteil hatte; mit dem Herzog von Lothringen leisteten die Herzöge von Franken, Bayern und Schwaben während der Krönungsfeierlichkeiten dem König aus Sachsen den Dienst in den Hofämtern. Doch die Rituale des Herrschaftsantritts überdeckten nur die ungelösten Probleme des Herrschaftsübergangs. Diese lagen vor allem in der Königsfamilie selbst.

Schon zeitgenössisch berichtet der westfränkische Chronist Flodoard von Reims, nach Heinrichs Tod sei es unter seinen Söhnen zum spaltenden Streit um die Königsherrschaft gekommen; später wurde erzählt, Mathilde hätte lieber ihren jüngeren Sohn Heinrich auf dem Thron gesehen; und gegen Ottos Thronfolge oder Alleinherrschaft wurde zugunsten Heinrichs argumentiert, daß nur er ein wirklicher Königssohn sei, da Otto ja noch zur Zeit des liudolfingischen Herzogtums geboren war. Schon während der Aachener Feierlichkeiten war Heinrich unter Aufsicht in Sachsen geblieben. Vom Krönungsort begab Otto sich nach Quedlinburg an das Grab seines Vaters und Vorgängers. Dort stellte er die Stiftungsurkunde für das neue Frauenkloster aus, in welchem das Gedächtnis seines Vaters und der ganzen ottonischen Familie gepflegt werden sollte. Dabei erwähnte er die Königin Mathilde mit keinem Wort und setzte fest, daß die Quedlinburger Abtei seinen Nachkommen unterstehen solle, solange einer von ihnen die Königsherrschaft ausübte – die Verfügungsgewalt Mathildes über ihr Witwengut wurde so deutlich begrenzt, dem möglichen Anspruch des Bruders Heinrich ein Riegel vorgeschoben. Quedlinburg sollte auch künftig der vornehmste Sitz des ottonischen Königtums in Sachsen sein und blieb bis unter Otto III. der Ort für hervorgehobene Akte der Herrschaftsrepräsentation. Im Grabkloster Heinrichs I. sollte das liturgische Gedächtnis der Königsfamilie, ihrer Verwandten und Freunde – „aller Unsrigen", wie die Gründungsurkunde formulierte – gepflegt werden und zugleich die historische Erinnerung, und dies geschah mit großer Intensität, als nach der Aussöhnung Ottos mit seiner Mutter diese selbst bis zu ihrem Tode († 968) dem Kloster vorstand und nach ihr Ottos Tochter, die ebenfalls den Namen Mathilde († 999) trug. Wie Gandersheim für die Liudolfinger wurde Quedlinburg so zum „Überlieferungszentrum" für die Ottonen.

Als nach dem Herrschaftsantritt in kurzer Zeit mehrere der bedeutendsten sächsischen Großen starben, vergab Otto ihre Positionen in einer Weise, die Befremden, ja Empörung hervorrief. Sie gingen nämlich nicht an diejenigen, die selbst damit gerechnet hatten und auch von anderen als die naheliegenden Nachfolger angesehen wurden. Die Verlierer waren mehrfach Männer, die der Königin Mathilde nahestanden. Zu den Übergangenen gehörten Ottos Halbbruder Thankmar und der Billunger Wichmann der Ältere, als Schwager Mathildes ebenfalls eine der ranghöchsten Personen in der Königsverwandtschaft. Diesem wurde bei der Vergabe des Kommandos in der Nordmark sein jüngerer Bruder Hermann vorgezogen. Augenscheinlich suchte der neue König sich zuverlässige Anhänger zu schaffen für den Fall von Auseinandersetzungen in seiner Familie. Die sich übergangen glaubten, reagierten, wie man es damals tat und zur Wahrung von Positionen und Ansehen tun mußte: mit Verweigerung und fehdeartiger Rebellion. Voran gingen in Sachsen zuerst Thankmar und dann Ottos Bruder Heinrich; ihre Aufstände gaben zugleich anderen vornehmsten Sachsen Gelegenheit, ihren Unmut zu artikulieren. Doch auch mit den Söhnen Herzog Arnolfs von Bayern († 937), mit Herzog Eberhard von Franken und mit Herzog Giselbert von Lothringen, seinem Schwager, geriet Otto in Konflikt; die beiden letzteren, Vertraute und Stützen seines Vaters, kamen ebenso wie Thankmar im Kampf gegen den König durch dessen Helfer um. Die Jahre nach dem Herrscherwechsel brachten so auch personell einen markanten Einschnitt für die Machtkonstellationen im Reich.

Hier interessiert, wie sich während der Konflikte und nach deren Beilegung die innere Ordnung der Königsfamilie gestaltete und die Position ihrer Mitglieder im Reich bestimmt wurde. Ottos Bruder Heinrich spielte bei den Aufständen eine auffallende Rolle. Thankmar scheint sich seines Halbbruders gewaltsam bemächtigt zu haben, Eberhard von Franken konspirierte mit ihm, schließlich zog Giselbert den Bruder seiner Gemahlin Gerberga auf seine Seite. Wollte man die von Heinrich I. zusammengefügten Königreiche, das ostfränkische und das lothringische, nicht wieder trennen, so war es schwer, für den Königsbruder den angemessenen Platz zu finden. Ihn mit einem Herzogtum auszustatten, bot sich im Grunde an; denn König Heinrich hatte den neuen Herzögen eine fast vizekönigliche Stellung eingeräumt, mit Verfügungsgewalt über karolingische Pfalzen und Fiskalgüter und Kontrolle selbst über Bistümer und Königsklöster. In ihren Urkunden, den königlichen Privilegien nachgebildet, gaben sich die Herzöge nun den Gottesgnadentitel, sie führten dabei Siegel, wie es bisher nur die Könige taten; sie waren als die Ersten im Reich und im Rat des Herrschers anerkannt. Doch alle Herzogtümer befanden sich 936 in fester Hand; außerdem hatte schon König Heinrich den Herzögen diese herausgehobene Position nur überlassen, weil sie ihrerseits bereit waren, ihm als Vasallen zu dienen und einen beide Seiten verpflichtenden Freundschaftspakt mit ihm einzugehen. Ein Herzogtum konnte Otto – falls eines vakant wurde – seinem Bruder nur anvertrauen, wenn dieser sich ihm unterordnete und alle Ambitionen auf ein Königtum preisgab. Beide Voraussetzungen waren erst gegeben, nachdem Heinrichs Verbündeter Giselbert während des Kampfes gegen Ottos Helfer 939 im Rhein ertrunken war und sich Heinrich selbst bedingungslos der Gnade seines Bruders unterworfen hatte. Dieser verzieh ihm und vertraute ihm nun das Herzogtum

Lothringen an, machte ihn also gewissermaßen zu seinem Statthalter in einem ehemaligen Königreich. Der Machtzuwachs des jüngeren Bruders wurde aber dadurch austariert, daß Otto das ebenfalls vakant gewordene Herzogtum Franken nicht mehr vergab, sondern unter königliche Verwaltung nahm und zudem seinem Sohn Liudolf durch die Verlobung mit Ida, dem einzigen Kind des treuen Herzogs Hermann von Schwaben, die Anwartschaft auf dieses Herzogtum sicherte.

Heinrich wurde allerdings in Lothringen nicht akzeptiert. Aus unbekannten Gründen setzte Otto seine Macht nicht zugunsten des Bruders ein, sondern vertraute das Herzogtum dem lothringischen Grafen Otto, einem schon bewährten Helfer, an. Heinrich verschwor sich erneut mit unzufriedenen sächsischen Grafen, fädelte, um an die Herrschaft zu gelangen, angeblich sogar einen Mordanschlag auf den König ein; doch der wurde vereitelt, Heinrichs Helfer hingerichtet oder verbannt, er selbst in Haft genommen.

Entfalten konnte sich Ottos Königsherrschaft erst voll, wenn es in der Königsfamilie zur Versöhnung kam. Ein Mainzer Geistlicher verhalf Heinrich dazu, daß er sich der Haft in Ingelheim entziehen und sich 941 in Frankfurt dem König, als dieser sich zur Weihnachtsmette begab, zu Füßen werfen konnte – nach der erniedrigenden Selbstaufgabe gewährte ihm Otto die erbetene Vergebung. Die Königin Edgith vermittelte eine Begegnung Ottos mit Mathilde: in Grone, d.h. auf einem ihrer Witwengüter, bat der König seine Mutter fußfällig um Verzeihung für alles, was er gegen sie getan hatte, und erhielt von ihr den Friedenskuß. Das Versöhnungsritual zeigt, wie tief das Zerwürfnis gewesen sein muß. Nachdem beide Seiten sich gegenseitig Genugtuung geleistet hatten, um sich in Frieden neu zu verbinden, bestätigte der Thronfolger der Königswitwe ihre Dotalgüter. Jetzt, wo er anerkannt war und fest im Sattel saß, konnte Otto, ohne etwas von seiner Autorität und Macht preiszugeben, Dinge gewähren, die er vorher verweigert hatte. Statt auf Separierung oder Isolierung zu setzen, bemühte er sich um Integration. Nach den Vorstellungen der Zeit war sie die eigentliche Aufgabe des Herrschers.

Die Wiederherstellung des Friedens

Es ist gewiß nicht nur eine beschönigte Idylle, wenn für die Phase nach den Kämpfen und Konflikten von den ottonischen Quellen im Rückblick die Eintracht der Königsfamilie hervorgehoben wird: So sollte es sein, es war das, was man zugleich als natürlich und gottgefällig ansah. Entsprechend loben die Quellen Ottos Milde, seine Bereitschaft zum Verzeihen, wenn Gegner sich ihm unterwarfen; denn durch diese Haltung war es ihm nach einigen Jahren gelungen, die Spaltung zu überwinden, die sich an der Individualsukzession entzündet hatte. Nur seinen für eine geistliche Laufbahn ausgebildeten Bruder Brun hatte der König von Anfang an auf seine Seite gebracht, indem er den Zwölfjährigen an seinen Hof holte und ihm, kaum daß er 15 Jahre alt war, im Herbst 940 das Amt des Kanzlers anvertraute, d.h. ihn zu einem der engsten, ständigen Berater machte. Heinrich dagegen hatte er niederzwingen müssen, und erst als dieser zur „freiwilligen" Unterwerfung bereit war, konnte er ihn durch Begnadigung als Helfer gewinnen. Nach der Versöhnung erschien das Königshaus, wie man es sehen wollte – die drei Brüder vereint, alle von königlichem Format, jeder mit seinen eigenen hervorragenden Eigenschaften; die Mutter, die in frommem Leben und zugleich stets in königlicher Würde um Gebetsgedenken und Seelenheil ihres verstorbenen Gatten und aller Verwandten und Freunde Sorge trug, insbesondere durch den Ausbau des von ihr geleiteten Klosters Quedlinburg; Ottos Gemahlin Edgith, die – wie im Grunde jede Königin, aber nun im ottonischen Reich vielleicht deutlicher hervortretend – ihre unverzichtbare Rolle ausfüllte, damit am Hof in Repräsentation und Organisation wahre Königsherrschaft verwirklicht werden konnte.

Erst Jahre nach seiner Begnadigung, 948, erhielt Heinrich wieder ein Herzogtum, nämlich Bayern; durch die Ehe mit einer Tochter Herzog Arnolfs, Judith, hatte er zuvor in die Familie der Luitpoldinger eingeheiratet. Fast systematisch scheint Otto der Große damals gefördert zu haben, daß die

Königsverwandtschaft mit den Herzogsfamilien verwuchs, woraus eine Art „Herzogsadel" entstand. In Bayern folgten auf Heinrich († 955) dessen Sohn und Enkel; in Schwaben wurde zunächst Liudolf Herzog (949–954), dann weitere Männer aus der mit der alten Herzogsfamilie verflochtenen Königsverwandtschaft; in Lothringen wurde die Herzogswürde 944 dem Konradiner Konrad dem Roten verliehen, der sich mit Liudgard, Ottos einziger Tochter, vermählte. So waren im 10. Jahrhundert bald alle Herzöge im ehemals ostfränkisch-lothringischen Reich entweder Angehörige des Königshauses oder mit diesem verschwägert. Wenn zuspitzend gesagt wird, daß Politik im ottonischen Reich sich im Grunde in einem Kreis von etwa zweihundert Personen abspielte, so gab es unter diesen maßgeblichen Leuten eine noch engere Gruppe von besonderem Rang – die Königsverwandtschaft, aus der die Herzöge genommen wurden. Auch diese festere Schichtung innerhalb des Adels, aus dem neuen Verhältnis von Königshaus und Reich mit hervorgewachsen, gehört zu den weiterwirkenden Strukturen des ottonischen Reiches.

Zum steigenden Ansehen des Königshauses trugen nicht weniger die „westfränkischen" Heiraten der Schwestern Ottos bei: auch darin zeigte sich sein Rang im Kreis der nachkarolingischen Herrscher. In Westfranken war noch kein neues Königshaus emporgekommen; vielmehr war das Königtum dort in schwere Turbulenzen geraten, nachdem Karl der Einfältige 922 von seinen Gegnern aus der Herrschaft verdrängt worden war. Bis zu seinem Tod im Jahr 929 wurde er in Gefangenschaft gehalten – stets ein potentielles Drohmittel in der Hand des Grafen von Vermandois, um die Herrschaft der Könige Robert (922–923) und Rudolf (923–936) zu erschüttern. Als Rudolf ohne Sohn starb, griff der mächtigste Mann des westfränkischen Reiches, der „große Herzog" Hugo von Franzien († 956), Sohn König Roberts, nicht selbst nach der Krone, sondern rief als König den Sohn Karls des Einfältigen, Ludwig (936–954), „von Übersee" ins westfränkische Reich zurück. Dessen Mutter, eine englische Prinzessin, Halbschwester von Ottos Gemahlin Edgith, hatte sich und ihn nach Karls Gefangennahme jenseits des Kanals in Sicherheit gebracht. Der mächtige Mann im Reich war 936 aber Hugo, und er wollte es als Hauptratgeber Ludwigs bleiben. Diesem Hugo gab Otto 937 seine Schwester Hadwig zur Frau: Sie wurde durch diese Ehe die Mutter Hugo Capets († 996), der 987 dem letzten Karolinger als König Frankreichs folgte und ein eigenes Königshaus begründete. Als 939 Herzog Giselbert gefallen war, heiratete seine Witwe Gerberga, Ottos andere Schwester, überdies den König Ludwig, so daß dieser jetzt nicht nur Neffe der Königin Edgith, sondern zugleich Schwager König Ottos war, genau wie sein Gegenspieler Hugo.

Die Schwestern befanden sich durch ihre Heiraten keineswegs weitab von der ottonischen Familie in fremdem Land. Otto benutzte die doppelte Verschwägerung, und sie verpflichtete ihn auch dazu, in den ausbrechenden Konflikten zwischen Ludwig und Hugo zu vermitteln. Er bemühte sich darum jahrelang, nicht nur durch Verhandlungen, sondern auch mit massivem Druck und militärischen Aktionen: Mehrfach zog er Mitte der 940er Jahre selbst in das Nachbarreich oder er schickte den Herzog von Lothringen, seinen Schwiegersohn Konrad, mit einem Heer dorthin, um Hugo unter Sicherung einer hervorragenden Stellung zur Anerkennung König Ludwigs zu zwingen. Hier lagen die Probleme nicht im Königshaus selbst; doch sie spalteten die, die durch Verschwägerung mit dem ottonischen Haus Verwandte waren. Strukturell mußten hier ähnliche Macht- und Rangfragen austariert werden, wie sie Otto schließlich in seinem Reich gelöst hatte. Um Gebietsgewinne ging es Otto dabei nie; aber die Verwandtschaftsbindungen hoben anscheinend die Prestigefragen teilweise auf, deretwegen sich die Könige des Westens und des Ostens, um nichts von ihrer Gleichrangigkeit zu vergeben, früher an den Flußgrenzen beider Reiche getroffen hatten. Ludwig erschien 948 sogar auf einer Synode in Ingelheim: Unter Vorsitz eines päpstlichen Legaten und in Anwesenheit der beiden Könige sollte eine Hauptursache des Konflikts zwischen Ludwig und Hugo, ein langjähriger Streit um die Besetzung des Erzbistums Reims, ausgeräumt werden; allerdings mied der Herzog in Erwartung einer für seine Position ungünstigen Entscheidung das Treffen. Glanzvolle Hoftage in Lothringen unter Teilnahme von Mitgliedern der westfränkischen Königsfamilie gehörten seit jener Zeit zu den Höhepunkten ottonischer Herrschaftsrepräsentation. Diese nahm mehr und mehr imperiale Züge an.

Schon während dieser Ereignisse hatte sich Ottos Familie verändert. Am 29. Januar 946 war die Königin Edgith gestorben. Ihr Tod gab Otto Anlaß, auch sein Haus zu bestellen: Nachdem sein Sohn Liudolf das wehrfähige Alter erreicht hatte, wurde die 939 versprochene Hochzeit mit der schwäbischen Herzogstochter Ida unter gebührendem Gepränge gefeiert; zur gleichen Zeit erhielt Herzog Konrad, beim König in höchster Gunst stehend, Ottos und Edgiths einzige Tochter Liudgard zur Frau. Und, was noch wichtiger war, Liudolf wurde offiziell zum Nachfolger im Königtum designiert. Otto nahm ihn an den Hof, und Ida zog als Begleiterin ihres Mannes und ihres Schwiegervaters wie die Königin durch das Reich. Da Otto seinem Bruder Heinrich im folgenden Jahr das Herzogtum Bayern verlieh, hatte dieser jetzt gewiß alle Ansprüche auf die Königswürde aufgegeben; im Falle von Ottos Tod würde nicht er, sondern der fast zehn Jahre jüngere Liudolf die Krone tragen. Was 929 konzipiert wurde, nach 936 jedoch neu durchgefochten werden mußte, war erst jetzt im ganzen Königshaus anerkannt: Unter der Herrschaft Heinrichs I. war ein neues Königshaus begründet worden, in dem das Königtum vom Vater jeweils auf den Sohn – bei mehreren Söhnen auf den ältesten – überging, und das heißt, daß in Heinrichs I. Nachkommenschaft zunächst nur die „Otto-Linie" die königliche bildete. Solange hier die Sohnesfolge nicht abriß, hatten die Nachkommen des jüngeren Heinrich – die „Heinrich-Linie" – keinen Zugang zum Königtum.

Die Spaltung des Reiches
im Aufstand des Königssohnes Liudolf

Doch die Eintracht im Königshaus währte nicht lange. Otto ging eine zweite Ehe ein. Er heiratete im Herbst 951 als knapp Vierzigjähriger die etwa zwanzigjährige italienische Königin Adelheid. Es sagt viel über den Zusammenhang von Königshaus und Reich, daß ein solches Ereignis das Königtum erneut in eine tiefe Krise stürzte und die Führungsgruppen in allen Teilen des Reiches in zwei Lager zu spalten vermochte: eines um Otto, seinen Bruder Heinrich und seine neue Gemahlin Adelheid, das andere um den Thronfolger Liudolf und seinen Schwager Konrad, den Schwiegersohn des Königs.

Das Problem war allerdings komplex. Zwischen Otto und seinem Sohn war es schon vor der italienischen Hochzeit über der Frage „Italien und Adelheid" zum Zerwürfnis gekommen. Im italischen Königreich, das Norditalien und den größten Teil Mittelitaliens umfaßte, starb am 22. November 950 unerwartet der junge König Lothar. Schon am 15. Dezember ließ sich der Markgraf Berengar von Ivrea zum König krönen und seinen Sohn Adelbert zum Mitregenten. Lothars Witwe Adelheid stammte über ihre Mutter aus der schwäbischen Herzogsfamilie, war also eine Nichte von Liudolfs Gemahlin Ida und Enkelin der noch lebenden Altherzogin Reginlind. Einen Grund zum Eingreifen in Italien konnte der damals mächtigste Verwandte Adelheids, der Thronfolger und Schwabenherzog, in dieser Situation also vorweisen. Doch waren ihm wohl auch schon Pläne Ottos bekannt – mit einem eigenen Zug nach Italien kam er ihnen zuvor. Ob Liudolf mit seinem Unternehmen vor allem Ruhm als Bezwinger eines Königreichs gewinnen wollte, ob es ihm um eine starke Position für die allfällige Neuordnung im *Regnum Italicum* ging oder gar darum, Absichten Ottos zu durchkreuzen, ist nicht mehr zu ermitteln. Schon mit der Eigenmächtigkeit hatte er aber gegen alle Regeln verstoßen und den Vater durch eine kränkende Mißachtung herausgefordert.

Auch Otto konnte gewichtige Gründe dafür geltend machen, daß ihn der Thronwechsel in Italien unmittelbar anging:

Als 937 König Rudolf II. von Hochburgund (und von 922 bis 926 auch von Italien) gestorben war und König Hugo von Italien in dessen Reich einfiel, die Königin Berta selber heiratete und deren kleine Tochter Adelheid mit seinem jungen Sohn Lothar verlobte, um so Rudolfs Reich zu gewinnen, da rettete Otto den unmündigen Königssohn Konrad (†993), nahm ihn einige Jahre bei sich auf und erhielt ihm Königsherrschaft und Reich; an Ottos Hof hatte zugleich Markgraf Berengar 942–945 Exil gesucht und sich ihm kommendiert, d.h. einen Schutz angenommen, mit dem er sich zur Rücksichtnahme auf Interessen seines Beschützers verpflichtete. Wenn jemand berufen war, klärend im Nachbarreich einzugreifen, dann gewiß Otto. Auch den Byzantinern galt er damals schon als ein über die anderen westlichen Könige hinausgehobener Herrscher. Nach dem Tod König Hugos von Italien (gestorben 947 oder 948 in Arles) hatte er dafür gesorgt, daß dessen königlicher Besitz in der Provence und im Rhônetal als dauerhafter Bestandteil in das burgundische Königreich integriert wurde; schließlich hatte er nach jahrelangen Bemühungen im westfränkischen Reich gerade im März 950 den Herzog Hugo zur Anerkennung König Ludwigs bringen können. Liudolfs Italienzug engte Ottos Einflußmöglichkeiten auf die künftige Gestaltung der politischen Verhältnisse südlich der Alpen ein. Davon abgesehen will man gern glauben, daß die Ehe mit Adelheid von vornherein ein Ziel des Witwers gewesen ist.

In dieser Situation also keimte der nächste, tiefe Konflikt im Königshaus auf. Er hat paradigmatischen Charakter für die Verflechtung von Familienkonstellationen mit Machtpositionen und für deren Folgen für das Reich. Herzog Heinrich warnte von Bayern aus die italienischen Großen, sich mit Liudolf einzulassen, so daß diesem, wie ein Chronist schreibt, die Tore der Städte und Burgen verschlossen blieben, die später selbst den Köchen des Königs offengestanden hätten. Der Oheim bereitete damit dem jüngeren, aber als Thronfolger ranghöheren Neffen einen Mißerfolg. Das bedeutete erklärte Feindschaft und provozierte den schärfsten Konkurrenzkampf. Heinrich konnte in Italien Wirkung erzielen, weil er Liudolfs Zug als eigenmächtiges, nicht von Ottos Willen getragenes Unternehmen hinstellte. Der König seinerseits dankte ihm die Intervention; denn als er im August/September 951 selbst die Alpen überschritt, agierte Heinrich als sein Vertrauter und Heerführer. Heinrich war es, den Otto aussandte, um Adelheid aus ihrem Fluchtort, der Burg Canossa, nach Pavia zu führen, wo die Hochzeit stattfand und Otto im Oktober die Herrschaft über das italische Königreich antrat. Von da an blieb der Bayernherzog nicht nur der wichtigste Ratgeber seines Bruders, sondern wurde auch Adelheids Vertrauter; sie bewahrte seiner Familie ihre Gunst bis weit über seinen Tod († 955) hinaus.

Liudolf dagegen hatte sich in der neuen Familienkonstellation isoliert. Da Otto damals anfing, seine Ausstattung in Schwaben zu schmälern, mochte der Herzog vielleicht auch dort eine Isolierung befürchten. Noch lebte Adelheids Großmutter Reginlind, in mächtiger Position, wie sie den Matronen damals oft eingeräumt wurde: (Laien-)Äbtissin des reichen Zürcher Nonnenklosters, Leiterin wohl auch der kaum weniger reichen Abtei Säckingen, mit Verfügungsgewalt über einen beträchtlichen Teil der burkhardingischen Familiengüter. Zwar war Reginlind Liudolfs Schwiegermutter, doch Ita war ihre Tochter aus der zweiten Ehe mit dem Konradiner Hermann († 949), während ihr Sohn Burkhard II. aus der ersten Ehe mit Herzog Burkhard I., 926 als Waffengefährte von Adelheids Vater Rudolf in Italien vor Novara gefallen, bislang noch ohne die angemessene Herzogstellung war. Wie würden sich die burkhardingischen Verwandten in Schwaben orientieren, wenn die Spannungen zwischen „ihrer" Adelheid und Liudolf eskalieren sollten? Es ließ sich absehen, daß sie eher zu Adelheid und Otto halten würden.

Der König freilich hatte nach dem Gewinn des Königtums in Italien zunächst andere Ziele im Auge. Aus Pavia schickte er alsbald eine höchstrangige Gesandtschaft nach Rom, die über seine Aufnahme verhandeln, das heißt offensichtlich: seine Kaiserkrönung in die Wege leiten sollte. Doch die Gesandten kehrten mit einer Ablehnung zurück. Während man in Pavia über die Konsequenzen beriet, verließ Liudolf den Hof ohne Abschied und kehrte mit Erzbischof Friedrich von Mainz, einem der Gesandten, zurück über die Alpen. Schon das war ein unerhörter Affront, der alle Normen des Umgangs mit einem König mißachtete. Deutlicher konnte Liudolf kaum zeigen, daß ihn sein Vater in Stellung und Ehre verletzt hatte. Doch er spitzte die Demonstration noch zu. In Saalfeld, wo 939 schon Heinrich vor dem Griff nach der Krone mit einem königlichen Gastmahl Anhänger für seinen Aufstand geworben hatte, versammelte der bereits designierte Thronfolger zu Weihnachten 951 „voll des Ehrgeizes auf Königsherrschaft" die Großen zu einem königlichen Fest, gewiß um den Anwesenden seine Kränkungen darzulegen und Beistand zu suchen. Als der Vater dies erfuhr, überquerte er mit seiner neuen Gemahlin im Februar 952 eilig die Alpen, um in Sachsen beim Osterfest seine herrscherliche Position und Macht zu manifestieren.

Noch stand Liudolf in der engeren Königsfamilie allein; doch nach dem Osterfest hatte er auch den Schwager Konrad auf seiner Seite. Auch der fühlte sich inzwischen von Otto in Frage gestellt; und mit Liudolf hielt er Heinrich für den Schuldigen. Im Rat, den dieser seinem Bruder in den wichtigen politischen Fragen gab, sahen sie den Ausgangspunkt für ihre Mißachtung durch den König. Otto hatte Herzog Konrad in Pavia zurückgelassen, um ein Abkommen mit Berengar zu schließen. Vorgesehen war wohl von Anfang an, Berengar zusammen mit seinem Sohn wieder als König Italiens einzusetzen. Der war rasch bereit, Konrad an Ottos Hof nach Sachsen zu folgen, und wurde bei der Ankunft auch wie ein König feierlich in die „königliche Stadt" Magdeburg eingeholt; doch ließ Otto ihn drei Tage lang warten, ehe er ihn empfing. Außerdem setzte er Berengar nicht sofort wieder als König ein, sondern verlangte, daß er im August zusammen mit seinem Sohn und mit italienischen Großen bei Augsburg erscheinen müsse, um auf einer Versammlung aus beiden Reichen von Otto die Wiedereinweisung in die Königsherrschaft entgegenzunehmen. Das geschah dann auch in der feierlichsten Weise: Auf dem Lechfeld, vor den Anführern der beiden Heeresaufgebote und ihren Truppen, in Anwesenheit von je zwei Erzbischöfen und insgesamt 21 Bischöfen von beiden Seiten der Alpen übergab Otto Berengar und Adelbert das Königreich Italien mittels eines goldenen Szepters, und sie huldigten ihm als Vasallen, indem sie ihre gefalteten Hände in Ottos Hände legten und den Treueid schworen. Den Königen Italiens wurde aber eine schwerwiegende „Wiedergutmachung" zugemutet. Sie mußten auf die direkte Herrschaft im ganzen Nordosten ihres Reiches verzichten. Die Marken Verona und Aquileja wurden dem Herzog von Bayern unterstellt, wodurch sich Otto für den Zugang nach Italien ein breites Tor offenhielt.

Der Ausgang seiner Vermittlung bedeutete für Konrad eine schwere Herabsetzung: Sein Schwiegervater hatte sich nicht an die Vereinbarung gehalten, die er im Namen seines Königs getroffen und für deren Annahme er sich verbürgt hatte. Dahinter vermutete er Machenschaften Heinrichs, und diesen wies ja dann die Übertragung der Marken als den großen Gewinner des Italienzugs aus. Die Spannungen verschärften sich weiter, als Adelheid um den Jahreswechsel einen Sohn gebar (einen Heinrich, der nach wenigen Jahren starb); denn dem designierten Thronfolger Liudolf konnte er zum Konkurrenten werden, wenn Vater und Stiefmutter ihm weiterhin die ehrende Gunst vorenthielten. Gemeinsam begannen Liudolf und Konrad, offensichtlich von einem großen Anhang gestützt, gegen die Zurücksetzung und für ihre Ansprüche zu demonstrieren. Sie verhinderten, daß zentrale Akte der königlichen Herrschaftsrepräsentation zu dem werden konnten, was sie sein sollten – zur Inszenierung der Königsmacht und zum Fest des Konsenses im Reich. Nach der Geburt eines Sohnes, ihres ersten Kindes, trafen die Aktionen das Herrscherpaar in einer Situation, in der es gewiß anderes geplant hatte.

Der Familienkonflikt stellte Ottos Königtum radikal in Frage. Dreimal hintereinander mußte der König 953 den Ort aufgeben, an dem er Ostern, den Höhepunkt der Herrschaftsrepräsentation im Jahresrhythmus, feiern wollte: zuerst Ingel-

heim, dann Mainz, dann Aachen; schließlich beging er das
Fest unter großem Zulauf aus Sachsen, aber an wenig reprä-
sentativem Ort im Königshof Dortmund. Hier wiederrief er
den Vertrag mit Liudolf und Konrad, den er zu Mainz in
schwieriger Situation eingegangen war. Sohn und Schwiegersohn sollten sich wegen ihrer Untaten einem Gerichtsurteil
unterwerfen, sonst würden sie zu Reichsfeinden erklärt. Jetzt
konnte es im Königshaus nur noch Sieger und Verlierer geben.
Beim angesagten Gerichtstag in Fritzlar trat Heinrich als
scharfer Ankläger auf, alte Feinde wurden ihm als Anhänger
der Rebellen zur Rache ausgeliefert. Konrad und Liudolf
waren nicht erschienen; ersterem wurde sein Herzogtum ab-
gesprochen, während über Liudolf noch kein Urteil erging. So
kam es zum Krieg. Spannungen und Spaltungen aus der Zeit
der früheren Kämpfe brachen wieder auf; in kurzer Zeit
brannte es fast überall. Vergeblich und mit schweren Verlu-
sten belagerte der König im Sommer Mainz, im Herbst das
von Liudolf besetzte Regensburg.

In dieser Situation erfolgte Anfang 954 ein großer Ungarn-
einfall. Die Königlichen und zuvorderst Herzog Heinrich warfen Liudolf und Konrad vor, sie hätten die Raubscharen als
Verbündete herbeigerufen; Liudolf seinerseits hielt der Kö-
nigspartei entgegen, sie selbst habe die Ungarn gegen ihn geführt, während er nur in äußerster Not Zahlungen geleistet
habe, damit sie die Seinen schonten. Die Beziehungen in der
Königsfamilie waren völlig vergiftet. Nicht nur 953 bei der
Belagerung von Regensburg hatten Vater und Sohn monatelang gegeneinander Krieg geführt. Im Frühjahr 954 suchten
sie mit ihren Heeren an der Iller die offene Feldschlacht, bevor
die Bischöfe von Augsburg und Chur dazwischen traten, einen
vorläufigen Waffenstillstand erreichten und für Mitte Juni vertraglich eine Zusammenkunft beider Parteien in Langenzenn
(westlich Fürth) vereinbaren konnten: Verhandlungen, für die
der König offenbar nicht vorherige Unterwerfung zur Bedin-
gung machte und freies Geleit zusagte.

In Langenzenn ergaben sich Liudolfs wichtigste Parteigänger der Gnade des Königs. Konrad akzeptierte den Verlust

seines Herzogtums; Erzbischof Friedrich von Mainz konnte mit einem Reinigungseid den erhobenen Vorwurf des Hochverrats abweisen. Sie vermochten aber Liudolf nicht dazu zu bewegen, sich ebenfalls dem Vater zu unterwerfen und den Urteilsspruch anzunehmen; und so trennten sich beide öffentlich von ihm und seiner Partei.

Die Kämpfe gingen weiter. In Sachsen führte Herzog Hermann Billung im Bund mit anderen Grafen einen „entsetzlichen Krieg" für die Sache des Königs gegen seine Neffen, Ottos Vettern Wichmann und Egbert. Die sahen in Hermann den Räuber ihres väterlichen Erbes und hatten mit den benachbarten abodritischen Slawenfürsten ein Kampfbündnis geschlossen. Die eigentliche Entscheidung aber mußte im Süden fallen. Unterstützt vom Sohn des früheren Bayernherzogs Arnolf, also dem Schwager Herzog Heinrichs, hielt Liudolf vor allem Regensburg besetzt, die alte Königsstadt und jetzt so etwas wie die „Hauptstadt" des Herzogtums. Als das königliche Heer auf dem Weg nach Bayern die Burg Roßtal (bei Nürnberg) belagerte, kam es „zum härtesten Kampf um eine Festung, den je ein Sterblicher sah"; bei erbarmungslosen Gefechten vor den Toren des vom Hunger gequälten Regensburg erlitten vor allem die Belagerten schwere Verluste.

Angesichts der Not in der Stadt bat Liudolf, unterstützt von wichtigsten Leuten, persönlich im königlichen Lager um Frieden; doch da er nicht bereit war, sich dem Willen des Königs und Vaters zu unterwerfen, kehrte er ohne Ergebnis in die Stadt zurück. Verluste, die Hungersnot, die Entmutigung der Verteidiger zwangen ihn nach eineinhalbmonatiger Belagerung zur Aufgabe. Durch fürstliche Vermittlung erhielt Liudolf freien Abzug und einen Waffenstillstand bis zu einem diktierten Gerichtstag in Fritzlar. Die Regensburger jedoch konnten wohl keine vertraglich vereinbarte Übergabe erlangen. Denn sie kämpften weiter, selbst nachdem Herzog Heinrich die Neustadt erobert und ein Brand das von den Belagerten gehaltene Zentrum zerstört hatte. Mit aller Grausamkeit verfolgte Heinrich jetzt die Aufständischen in seinem Herzogtum. Vor einem Gefecht bei Mühldorf ließ er den Erzbischof von Salzburg als Rebellen ergreifen und blenden, in dem Treffen selbst wurden „vier Grafen und viele andere" getötet. Erst nach einer erneuten Belagerung durch Otto und Heinrich im Frühjahr 955 kapitulierte Regensburg, anscheinend jetzt unter annehmbareren Bedingungen; die Anführer wurden verbannt, die übrige Menge jedoch geschont.

Ausgleich im Königshaus, Veränderungen im Reich

Zu diesem Zeitpunkt hatte sich Liudolf dem Vater bereits unterworfen. Er wartete den Gerichtstag in Fritzlar nicht ab. Als Otto 954 in der Gegend von Weimar die übliche Herbstjagd abhielt, warf sich der Sohn, tiefste Reue zeigend, barfuß vor ihm nieder und rührte mit seiner weinend vorgetragenen Bitte zuerst den Vater, dann alle Umstehenden zu Tränen. Als ihn Otto in väterlicher Liebe wieder in die königliche Huld aufnahm, gelobte Liudolf für die Zukunft, zu gehorchen und jeglichem väterlichen Willen zuzustimmen. Das war das klassische Ritual der *deditio*, der bedingungslos vollzogenen, aber durch Vermittler ausgehandelten und unter Garantien stehenden Unterwerfung: Der Frieden im Königshaus, der Frieden im Reich war wiedergewonnen. Nur die grausam geführten Kämpfe gegen die mit Wichmann und Egbert verbündeten Slawen zogen sich noch bis in den Herbst 955 hin, wurden aber nach persönlichem Eingreifen des Königs mit einem Sieg beendet.

Zuvor hatte Otto seinen größten Triumph errungen, als er mit Truppen aus dem ganzen Reich am 10. August 955 auf dem Lechfeld ein großes Ungarnheer vernichtend schlug. Als „Vater des Vaterlandes" und „Kaiser" wurde er von seinem Heer gefeiert, und überall im Reich wurde von da an jährlich Gott festlich Dank für den Sieg dargebracht. Nachdem der Liudolf-Aufstand sein Königtum zeitweilig an den Rand des Untergangs geführt hatte, schien Otto nun mächtiger, sein Herrschertum glänzender als je zuvor. Der Sieg auf dem Lechfeld hatte, wie sich erwies, den Ungarneinfällen ein Ende gesetzt.

Das Königshaus und sein Umfeld veränderten sich in diesen Jahren zutiefst. Herzog Heinrich starb noch 955, der ehemalige Herzog Konrad fiel in der Lechfeldschlacht, nachdem seine Frau Liudgard, Ottos Tochter, schon 953 gestorben war. Der begnadigte Liudolf wurde im Herbst 956 nach Italien entsandt, um dort die ottonenorientierte Partei zu stützen; vielleicht sollte er 957 sogar für den Vater die Herrschaft über das Königreich selbst übernehmen. Doch am 6. September starb der Königssohn südlich des Lago Maggiore; sein Leichnam wurde über die Alpen gebracht und von seinem Halbbruder Wilhelm, seit 954 Erzbischof von Mainz, im dortigen Kloster St. Alban beigesetzt, wo auch Liudgard begraben lag. Otto erfuhr davon auf einem Feldzug gegen die slawischen Redarier. Tiefe Trauer führte die Königsfamilie zusammen; bis Ostern 958 scheinen Herrschertätigkeit und Herrschaftsrepräsentation weitgehend auf den Trauerfall und die Erfüllung der daraus entspringenden Verpflichtungen und Folgemaßnahmen beschränkt geblieben zu sein.

Die Auswirkungen der Todesfälle waren weitreichend. Hatten vor Ausbruch der Kämpfe den Herzogtümern Bayern, Schwaben und Lothringen mit Ottos Bruder, Sohn und Schwiegersohn Angehörige der Königsfamilie vorgestanden, während Otto Franken und im Grunde auch Sachsen ohne herzogliche Zwischengewalt regierte, so wurde die Leitung der drei Herzogtümer nun in Interimslösungen verlagert. Ottos Bruder Brun, seit 953 Erzbischof von Köln, behielt die Verantwortung für Lothringen, die er schon während des Aufstands übernommen hatte; unter ihm agierten – ähnlich wie in Sachsen unter dem König – Herzöge mit begrenzten Kompetenzen, wobei man auch dafür auf Männer aus der weiteren Königsverwandtschaft zurückgriff. Bayern beließ man in der Verfügung von Heinrichs Witwe Judith, die für ihren erst vierjährigen Sohn Heinrich amtierte. Nur das Herzogtum Schwaben wurde definitiv vergeben. Es kam an Adelheids Onkel Burkhard (†973), einen aus der alten Herzogsfamilie stammenden, jetzt dem Königshaus nah verwandten Mann; durch Verlobung und spätere Heirat mit Heinrichs und Judiths Tochter Hadwig wurde er bald noch enger in die königliche Familie eingebunden. Aus der nächsten Verwandtschaft standen Otto als Helfer nur noch zwei Geistliche zur Verfügung: sein Bruder Brun (†965), der langjährige Kanzler und jetzt Erzbischof von Köln, sowie der Sohn Wilhelm (†968), einer vorehelichen Verbindung mit einer Slawin entsprossen, den der König 954 als etwa Sechsundzwanzigjährigen zum Erzbischof von Mainz erheben ließ, d. h. zum ranghöchsten Metropoliten im Reich. Beide wurden etwa für ein Jahrzehnt seine wichtigsten Helfer nördlich der Alpen.

Auch im Kreis der Nachbarkönige hatte sich Ottos Stellung verändert. Im westfränkischen Reich war 954 König Ludwig IV. gestorben; seine Witwe, Ottos Schwester Gerberga, führte zunächst die Regentschaft für den noch unmündigen König Lothar. 956 starb Ottos anderer Schwager, Herzog Hugo von Franzien; auch hier mußte Ottos Schwester Hadwig zunächst die Positionen für ihren unmündigen Sohn Hugo Capet halten. Nur in Burgund herrschte mit Ottos ehemaligem Schützling und jetzigem Schwager Konrad noch ein Monarch, der als königlicher Freund das Ansehen und den Einfluß Ottos steigern konnte. In England waren seit dem Tod von Edgith und ihrem Halbbruder Edmund (†946) ähnlich wie in Ottos Reich Thronstreitigkeiten ausgebrochen, so daß die 929 begründete Verbindung zum Königshaus von Wessex ihre Bedeutung verlor. Italien regierten Ottos unbotmäßige Vasallen Berengar und Adelbert.

So erscheinen jene Jahre in der Geschichte des Königshauses fast wie eine Zäsur. Der etwa fünfundvierzigjährige Otto wurde zum erfolggekrönten Patriarchen ohne gleichwertige Partner und Gegenspieler unter den Fürsten, im Bund mit angesehenen Matronen wie der Königin Mathilde und der Herzogin Judith in Bayern oder der Königin Gerberga und der Herzogin Hadwig in Westfranken, mit den Erzbischöfen von Mainz, Köln und Hamburg und besonders vertrauten Bischöfen oder dem Abt von Fulda als wichtigsten Helfern. Da es keine festen Institutionen, keine die personellen Konstellationen überdauernden Machtstrukturen gab, mußte diese Konfiguration das Reich selbst mitverändern. Hinzu kam, daß die Kontinuität des Königshauses ungewiß war. Liudolf war inzwischen tot. Adelheid gebar drei Söhne, von denen die beiden älteren als Kleinkinder starben, Heinrich 954 und Brun 957; nur der dritte, der Ende 955 geborene Otto, lebte noch, als die Nachricht von Liudolfs Tod am Hof eintraf. Liudolfs Sohn Otto war damals etwa sechs Jahre alt, Herzog Heinrichs Sohn Heinrich ebenfalls, und auch der Sohn Konrads des Roten und Liudgards, ebenfalls Otto genannt, dürfte kaum älter gewesen sein. Was wäre gewesen, wenn der König, wie man schon befürchtete, 958 seine schwere Krankheit nicht überlebt hätte?

III. Das Imperium Ottos des Großen

Otto und Adelheid: ein Kaiserpaar mit zwei Königreichen

„Wie die leuchtendste Sonne nach der Dunkelheit" sei der Herrscher durch seine Genesung „der Welt zur Zier und allen Wonnen wiedergeschenkt" worden, schrieb Widukind von Corvey ein Jahrzehnt später. Am Ausgang der 950er Jahre beginnt ein neuer Abschnitt in der Geschichte des Königshauses oder, wie man seit 962 sagen muß, der Kaiserfamilie und ihres Imperiums. Er ist geprägt von der Gestalt der Adelheid. Als Gemahlin Ottos I., Mutter Ottos II., Großmutter Ottos III., als die „Teilhaberin am Kaisertum" und „Mutter der Königreiche" hat sie die Geschicke des ottonischen Imperiums bis zur Jahrtausendwende mitbestimmt. Bei ihr liefen die verwandtschaftlichen und politischen Fäden zusammen, die das Herrscherhaus für uns noch deutlicher hervortreten lassen als in den Jahrzehnten zuvor; und sie war es, die ihm sozusagen eine wahrhaft europäische Dimension vermittelte. Früh gefordert, klug, gebildet, mit riesigen Besitzungen ausgestattet, war sie an der Seite ihres ersten Gemahls Lothar Königin von Italien gewesen, bevor sie den mächtigeren König Otto heiratete und mit ihm in die unwirtlicheren Gebiete jenseits der Alpen zog. An ihr hätte es gehangen, ob bei einem Tod ihres Gemahls in jenen Jahren das sächsische Königshaus, kaum daß es sich voll etabliert hatte, schon an sein Ende gelangt wäre. So dürfte es kein Zufall sein, wenn Adelheid nun am Hof in bisher ungewohnter Weise hervortrat.

In vielen Dingen scheint ihr Rat durchzuschlagen, insbesondere wo es um das Königshaus ging. Als ihr Sohn Otto noch nicht sechs Jahre alt war, ließ ihn der Vater 961 in Worms zum König erheben und an Pfingsten in Aachen krönen, „gegen alle bisherige Gewohnheit", wie ein unmittelbarer Zeitgenosse festhält; für den kleinen Mitkönig wurde ungewöhnlicherweise eine gesonderte Kanzlei eingerichtet, so daß seither in seinem Namen vollgültige Privilegien ergingen. Doch im Königreich Italien war 931 Adelheids späterer Gemahl Lothar von seinem Vater Hugo im gleichen Alter durch Thronassoziation zum Mitkönig gemacht worden; er wurde deshalb in allen Privilegien als König mitaufgeführt und auf dem Siegel mitabgebildet. Für Adelheid war also die Einsetzung des kleinen Otto zum König neben dem Vater keineswegs undenkbar, und in ihrem Interesse lag sie ohnehin: Wenn ihrem Gemahl etwas zustieß, dann war Otto II. trotz seiner Unmündigkeit bereits gewählt, geweiht, anerkannt, und sie hätte – ähnlich wie ihre Schwägerin Gerberga im westfränkischen Reich – die Regentschaft führen können.

Zum König erhoben wurde Otto II. aber auch im Rahmen weiterreichender Pläne; sie galten dem Erwerb des Königreichs Italien und des Kaisertums. Südlich der Alpen hatten sich die Könige Berengar und Adelbert der Kontrolle ihres Lehnsherrn Otto entzogen. Flüchtlinge an Ottos Hof, darunter der Erzbischof von Mailand, der Bischof von Como, ein Markgraf, drängten auf eine neue Intervention. Als dann noch an Weihnachten 960 Gesandte des Papstes Johannes XII. Otto zur Hilfe gegen Berengar aufriefen und dafür die Kaiserkrönung anboten, war der Italienzug beschlossen. Für Otto wurde realisierbar, was er 951 vergebens angestrebt hatte. Hier hätte der Patriarch unter den abendländischen Königen nicht nein sagen können, ohne seinen Vorrang preiszugeben.

In der neuen politischen Konfiguration rückte Adelheid ganz in den Vordergrund. Sie war ja mit den Bedingungen in Italien vertraut; sie verfügte dort wenigstens von Rechts wegen über große Güter und über wichtige Verbindungen. Wohl erst in der Vorbereitung des Italienzugs hatte man sich am Ottonenhof eine passende Legitimation zurechtgezimmert: Beim Tode Lothars sei Adelheid die Erbin des Reiches gewesen und hätte es in einer neuen Verbindung weiterhin mitregieren können; doch der ungetreue Markgraf Berengar, ein erwiesener Tyrann, hatte sie unter Mißhandlungen ihres Erbes beraubt – nun kam sie mit ihrem neuen Gemahl Otto, um die Usurpatoren zu vertreiben. Der Anspruch, daß eine verwitwete Königin das Reich erbe und in eine neue Ehe einbringen könne, war mehr als ungewöhnlich; doch einmal war er in jener Zeit schon vertreten worden – sozusagen in Adelheids eigener Familie. Nach dem Tod ihres Vaters hatte König Hugo von Italien sofort ihre Mutter Berta geheiratet und Adelheid mit seinem noch minderjährigen Sohn und Mitkönig verlobt, um auf diese Weise auch das Königreich Burgund unter sein Szepter zu bringen. Nach ihrer Interpretation nahmen Otto und Adelheid, als sie im September 961 die Alpen überquerten und dann in Pavia einzogen, nicht ein fremdes, sondern das ihnen rechtmäßig zustehende Reich in Besitz. Sie taten dies sofort auch für ihren Sohn, d.h. als Königshaus. Bei Datumsangaben wurde südlich der Alpen von 961 an nach Regierungsjahren von Vater und Sohn gerechnet. In Aachen war also mit Otto II. nicht ein König für das Herrschaftsgebiet nördlich der Alpen, das ostfränkisch-lothringische *Regnum*, geweiht worden, sondern der Erbe und Mitherrscher im Reich Ottos und Adelheids, und zu diesem gehörte für das Königspaar Italien hinzu.

Daß hier nicht Otto I. allein, sondern seine Familie in die Herrschaft eintrat, zeigte sich noch deutlicher bei der Erneuerung des Kaisertums. Alle Garantien, die Otto wie üblich vor der Krönung gab, und danach die Bestätigung der Besitzungen und Rechte der römischen Kirche sowie die zusätzlichen Schenkungen wurden in seinem Namen und dem seines Sohnes ausgesprochen, wie auch der Papst in die Privilegien und Zusagen, die er dem Vater gab, Otto II. einschloß. Und als Otto der Große am 2. Februar 962 in der Peterskirche die Kaiserkrone empfing, da wurde zugleich mit ihm Adelheid zur Kaiserin gekrönt. Es ist die erste sicher bezeugte Krönung einer Kaiserin im Abendland. Allenfalls hatte 891 bei der Kaiserkrönung Widos († 894) auch dessen Gemahlin Ageltrude eine Weihe zur Kaiserin empfangen; da Wido kurz darauf seinen Sohn Lambert († 898) zum Mitkönig erheben und ihn 892 zum Mitkaiser krönen ließ, würde der Präzedenzfall nur bestätigen, was 962 geschah: Nicht Otto allein, sondern sein „Haus" übernahm das Kaisertum. Das Konzept der Dynastie hatte sich im Vergleich zu 930 und 936 weiter verdichtet und war nun sogar zur Realität eines Kaiserhauses geworden. Gewiß haben daran durch italienische Traditionen und Erfahrungen vermittelte Vorbilder – und das heißt personal gesprochen: hat daran Adelheid – einen wichtigen Anteil.

Wegen des Kampfes gegen Berengar, der erst 964 in der Bergfestung S. Leo (bei S. Marino) kapitulierte, wegen der Konflikte in Rom, welche Otto zweimal zur Wiedereroberung der Stadt zwangen und die Absetzung zweier Päpste durch vom Kaiser beherrschte Synoden zur Folge hatten, blieben Otto und Adelheid bis zum Beginn des Jahres 965 in Italien, gewiß länger als geplant. Die militärischen Operationen gegen die in Burgen verschanzte Sippschaft Berengars leitete der Kaiser vielfach selbst; die Großen Italiens, die den Herrscher um Privilegien angingen, bedienten sich häufig der Vermittlung Adelheids, die so als Teilhaberin am Reich, als *consors imperii*, wesentlich an der Regierung Italiens mitwirkte. Otto I. und Adelheid südlich der Alpen, Otto II. mit den Erzbischöfen Brun und Wilhelm im Norden führten die Regierung im politischen Sinn, jeweils nur von wenigen Großen kontinuierlich umgeben; auf Hoftagen koordinierten sie die Kräfte, die im regionalen Rahmen Ordnungsfunktionen wahrnahmen. Hier wie dort blieb die Herrschaft über das Reich ganz auf das Königshaus zentriert.

So wird auch die „glückhafte Rückkehr" des Kaiserpaares nach dreieinhalbjähriger Abwesenheit von den Geschichtsschreibern vor allem als Ereignis des Herrscherhauses dargestellt. Nach der Alpenüberquerung im Januar 965 wurde Otto zusammen mit seiner Gemahlin von Adelheids Onkel Burkhard, dem Schwabenherzog, und dessen Frau Hadwig, der Tochter seines Bruders Heinrich, zum Mittelrhein geleitet; an der Grenze Schwabens und Frankens wurde er von seinen Söhnen, König Otto und Erzbischof Wilhelm, feierlich empfangen und nach Worms geführt, wohin ihm sein Bruder, Erzbischof Brun, zur Ehrung entgegenkam, so daß an Mariä Lichtmeß der dritte Jahrestag der Kaiserkrönung gemeinsam mit Angehörigen des Hauses unter Teilnahme vieler Großer im Wormser Petrusdom begangen werden konnte. Bei dem glanzvollen Osterfest in Ingelheim war auch die Herzogin Judith mit ihrem Sohn Heinrich dazugestoßen, und im Juni hatte sich dann in Köln das ganze Königshaus versammelt: die alte Königin Mathilde mit Ottos gleichnamiger Tochter, die ihr 956 im Alter von eineinhalb Jahren zur Erziehung in Quedlinburg anvertraut worden war, dann natürlich Brun, Otto II., Judith und Heinrich, ferner die westfränkische Königin Gerberga mit ihren Söhnen, König Lothar und Karl, und ihren Töchtern. Die Erzbischöfe von Trier und Reims, alle Bischöfe der Kirchenprovinzen Köln und Trier, mehrere Herzöge waren zugegen. „Es steht fest, daß kein Ort jemals durch solchen Glanz, durch solchen Ruhm an ihm versammelter Menschen jeglichen Standes, Alters und Ranges erstrahlte", schreibt ein zeitgenössischer Chronist. Der Glanz ging aus vom vollzählig anwesenden Königshaus, das sich hier in seinem kaiserlichen Rang präsentierte – sozusagen mit Demonstrationsobjekten der Kaisermacht im Schlepptau: dem abgesetzten Papst Benedikt V., der nach Hamburg verbracht wurde, und dem nach Bamberg verbannten italienischen Königspaar Berengar und Willa, dessen Töchter am Hof erzogen und später gut verheiratet wurden.

Das Mitkaisertum Ottos II. und Theophanus

Nach anderthalbjährigem Aufenthalt mit großen Hoftagen in Magdeburg, Köln, Aachen und Quedlinburg, wo auf dem Osterhoftag 966 Ottos und Adelheids zwölfjährige Tochter Mathilde in Anwesenheit des Kaiserpaares, der Königin Mathilde sowie großer Teile des Reichsepiskopats zur Äbtissin geweiht wurde, sowie mit einer großen Abschiedsversammlung zu Mariä Himmelfahrt in Worms zogen Otto und Adelheid zurück nach Italien. Dort war die Anerkennung ihrer Herrschaft noch immer nicht voll gesichert. Kaum war das Herrscherpaar 965 zurück über die Alpen gezogen, kam König Adelbert aus Korsika in die Poebene und sammelte unter weltlichen und geistlichen Großen einen so starken Anhang, daß er dem eilends nach Italien entsandten Heer unter Herzog Burkhard in offener Feldschlacht entgegenzutreten wagte. Auch wenn er verlor und erneut außer Landes flüchtete, zeigte sein vorübergehender Erfolg, daß der Kaiser durch persönliche Anwesenheit die führenden Kräfte im Land enger an sich binden mußte. Dazu brauchte er Adelheid, und es war wohl auch ratsam, den Thronfolger miteinzubeziehen.

In Rom hatte sich 965 die Opposition gegen die ottonische Herrschaft ebenfalls neu formiert. Zwar wurde zunächst noch mit Zustimmung des Kaiserhofes Johannes XIII. zum Papst erhoben; doch dann kam es zum Aufstand gegen sein als hart beurteiltes Regiment, der Papst wurde gefangengesetzt, konnte fliehen und rief den Kaiser zu Hilfe. Auch hier verlangte ein destabilisiertes Kräftefeld Ottos Präsenz, um die Gegner niederzuhalten, wie es Weihnachten 966 mit einem strengen kaiserlich-päpstlichen Strafgericht geschah; und auch hier war es gewiß ratsam, den künftigen Kaiser noch zu Lebzeiten des Vaters in das personale Kräftefeld einzuführen.

So dürfte ein Hauptziel des neuen Italienzugs gewesen sein, Otto II. zum Mitkaiser zu erheben, sobald die Gegner der ottonischen Herrschaft besiegt und bestraft waren und der Kaiser – in damaligen Kategorien formuliert – Frieden geschaffen, seine herrscherliche Macht demonstriert, die Getreuen in seine Huld genommen hatte. Das Osterfest 967 bot Gelegenheit, allen die Gemeinsamkeit von Kaiser und Papst in repräsentativster Form vor Augen zu führen, und zwar nicht in Rom, sondern in der alten Kaiserresidenz Ravenna, die Otto dort der römischen Kirche feierlich restituierte. Als Johannes XIII. auf der von Papst und Kaiser präsidierten Synode den endgültigen Beschluß zur Einrichtung des Erzbistums Magdeburg mit den Suffraganbistümern Merseburg, Zeitz, Meißen, Brandenburg und Havelberg beurkundete, stellte er Otto den Großen als dritten nach Konstantin und Karl dem Großen in die Reihe der herausragenden Wohltäter der römischen Kirche. Ottos Tochter Mathilde erhielt ein sie besonders ehrendes Papstprivileg für ihre Abtei in Quedlinburg; Ottos Sohn wurde von Papst und Kaiser eingeladen, gemeinsam mit ihnen das nächste Weihnachtsfest in Rom zu feiern. Der alte Kaiser selbst empfing den jetzt fast zwölfjährigen König in Verona und zog mit ihm über Ravenna in die Ewige Stadt. Zum ersten Mal sahen die Großen Italiens den Herrn, der seit 961 mit seinen Eltern virtuell über sie herrschte.

Am 21. Dezember traf der kaiserliche Zug, mit allen Solennitäten empfangen, vor Rom ein; am 24. kam es auf den Stufen der Peterskirche zum ersten Zusammentreffen mit dem Papst, und am Weihnachtstag 967 wurde Otto II. vor der *Confessio* des heiligen Petrus zum Mitkaiser geweiht. Otto der Große demonstrierte damit einen Anspruch auf Gleichrangigkeit mit dem Kaiserhaus in Byzanz, das sich exklusiv als Inhaber des römischen Kaisertums betrachtete. Er unterstrich diesen Anspruch noch dadurch, daß er schon von Ravenna aus eine Gesandtschaft nach Konstantinopel schickte, um für den künftigen Mitkaiser als Gemahlin eine byzantinische Prinzessin zu gewinnen. Doch da Otto gleichzeitig seine kaiserliche Herrschaft auf die langobardischen Fürstentümer Capua und Benevent ausdehnte, kam es statt zu einem Ehebündnis zur offenen Konfrontation. Um einen Freundschaftspakt zu erzwingen, trug der westliche Kaiser sogar 968–970 Krieg nach Apulien. Kaiser Nikephoros Phokas forderte seinerseits für eine Heirat Ottos II. mit einer Prinzessin aus seinem Palast die Abtretung von Ravenna und Rom an das byzantinische Reich; die Freundschaft ohne Ehebündnis werde er Otto gewähren, wenn dieser Rom die Freiheit wiedergebe und die Fürsten von Capua und Benevent ihm als dem rechtmäßigen Herrn unterstelle.

Erst ein Umsturz im oströmischen Kaiserhaus ebnete den Weg für die Ehe Ottos II. mit einer byzantinischen Prinzessin. Im Herbst 971 fuhr Erzbischof Gero von Köln als Brautwerber nach Konstantinopel und kam mit Theophanu, einer Nichte des neuen Kaisers Johannes Tsimiskes zurück; allerdings war sie keine als Kaisertochter „im Purpur" geborene Prinzessin. Am 14. April 972, am Sonntag nach Ostern, wurde sie in Rom vom Papst mit Otto II. getraut und zur Kaiserin gekrönt.

Jetzt endlich, zehn Jahre nach der eigenen Krönung, hatten Otto I. und Adelheid das Kaisertum ihrer Familie voll etabliert. Es gab keinen Grund mehr, die Rückkehr über die Alpen länger hinauszuzögern, auf die man vor allem in Sachsen drängte. Im März 968 schon waren kurz hintereinander Erzbischof Wilhelm von Mainz und die alte Königin Mathilde gestorben; die noch nicht vierzehnjährige Äbtissin Mathilde von Quedlinburg war die einzige Angehörige der engeren Kaiserfamilie, die sich noch nördlich der Alpen aufhielt – sah man von dem inzwischen volljährigen Herzog Heinrich von Bayern ab. Die Regierung aus der Ferne hatte zu Eigenmächtigkeiten und Spannungen zumindest unter den sächsischen Großen geführt. Es war Zeit für die Kaiserpaare, persönlich in Erscheinung zu treten.

Glanzvoll gestalteten sich die Empfänge, als Otto der Große und Adelheid, Otto II. und Theophanu seit August 972 zunächst auf schwäbischem und dann auf fränkischem und sächsischem Boden Station machten, auf großen Versammlungen an signifikanten Orten gefeiert und geehrt. Zum Höhepunkt imperialer Herrschaftsrepräsentation wurden der Einzug am Palmsonntag in Magdeburg und dann der Osterhoftag in Quedlinburg mit dem Empfang von Gesandtschaften aus vielen Königreichen, fast könnte man sagen: aus der ganzen bekannten Welt. Mit der Rückkehr des Kaisers war seine Herrschaft auch in der unruhig gewordenen sächsischen Heimat wieder voll präsent.

Als der Hof auf dem Weg nach Thüringen nach Memleben kam, fühlte sich der Kaiser unwohl. Nachdem er an allen Gottesdiensten des folgenden Tages – Nokturn, Matutin, Messe, Vesper – teilgenommen und auch zur gewohnten Stunde fröhlich im Kreis der Seinen getafelt hatte, starb er dort am Abend des 7. Mai, umgeben von der Familie und den mit ihm ziehenden Großen. Während die Eingeweide in Memleben beigesetzt wurden, brachte man den einbalsamierten Leichnam nach Magdeburg. Am 30. Tag nach dem Tode – es war die Vigil des Bonifatius-Festes – wurde Otto in der seit langem vorbestimmten Grablege bestattet. Mit Stiftungen an die Magdeburger Kirche und mit der Bestätigung von Privilegien brachte der Sohn auf Adelheids Bitte seine Fürsorge für das Seelenheil des Vaters zum Ausdruck.

Einzelheiten des Leichenbegängnisses sind nicht überliefert. Wie aber ein Vergleich deutlich macht, hatten sich mit der Formierung des Königshauses hier neue Rituale herausgebildet. Die Karolinger hatten keine Kirchen eigens als Begräbnisstätten errichtet; Karl der Große hatte nichts darüber verfügt, wo man ihn bestatten solle. Alle ostfränkischen Karolinger seit Ludwig dem Deutschen wurden gleich nach dem Tod in einem nahe gelegenen altehrwürdigen Kloster beigesetzt. Schon für Heinrich I. wurde in Quedlinburg ein Stift errichtet, um über seinem Grab und später auch dem seiner Gemahlin kontinuierlich für sein Seelenheil bitten zu lassen. Sein Gedächtnis wurde gepflegt an einem Ort, der das wichtigste Zentrum seiner Königsherrschaft gebildet hatte und dann unter seinen Nachfolgern einer der vornehmsten Orte königlicher Machtausübung und Repräsentation blieb. Otto ließ seine früh verstorbene Gemahlin Edgith in dem von ihm selbst gestifteten großen Moritzkloster zu Magdeburg bestatten; dort wollte er auch selbst beigesetzt werden. Doch seine Begräbnis- und Memorialstätte sollte mehr sein als eine Kloster-

oder Stiftskirche. Seit der Lechfeldschlacht verfolgte er mit Energie den Plan, in Magdeburg ein Erzbistum einzurichten und die Klosterkirche in die Kathedrale des Metropoliten zu verwandeln. Auch wenn nach 955 sein Sohn Wilhelm, der Erzbischof von Mainz, und seit 962 der Bischof von Halberstadt die Realisierung der Pläne blockierten, indem sie die kirchenrechtlich notwendige Zustimmung zur Verkleinerung ihrer Sprengel verweigerten, so konnte schließlich – zugleich mit der Erhebung Ottos II. zum Mitkaiser – das Erzbistum 968 definitiv eingerichtet werden. Ein Dom von bewunderten Ausmaßen war inzwischen bereits aufgeführt, kostbare Säulen und eine in Gold funkelnde Ausstattung aus Italien zierten ihn; daneben entstand die neue Kaiserpfalz, zu jener Zeit wohl einer der repräsentativsten Profanbauten nördlich der Alpen. In diesem Zentrum seiner Herrschaft wurde die Herrschergrablege in der Krypta einer vom Kaiser gestifteten Kathedrale eingerichtet.

Doch die Gestaltung der Grablege allein zeigt nicht alles, was sich gegenüber der Karolingerzeit verändert hatte. Der tote Kaiser wurde hierher von Memleben etappenweise in einem bis zum dreißigsten Tag dauernden Zug gebracht. Man darf sich den Verlauf so vorstellen, wie es 1002 und 1039 nach dem Tode Ottos III. beziehungsweise Konrads II. ausdrücklich bezeugt ist. In den bedeutenderen Kirchen am Wege wurde die Leiche aufgebahrt, die Angehörigen und Freunde des Toten, voran der Sohn und Nachfolger, trugen den Sarg auf ihren Schultern in das Gotteshaus. Zum vorbestimmten, symbolträchtigen Termin traf die Prozession am Ort der Beisetzung ein, wo die Exequien vollzogen wurden. Das Herrscherbegräbnis war zu einem Akt der Herrschafts- und Konsensdemonstration des Königshauses und des um den Kaiser gruppierten Reiches geworden. In solchen Ritualen und Zeremonien der politischen Gemeinschaft beginnt die Institutionalisierung, die den nachkarolingischen Reichen und Dynastien transpersonale Dauer zuwachsen ließ.

Der Kampf zwischen Otto II.
und Herzog Heinrich von Bayern

An Stelle des einundsechzigjährigen Patriarchen, den man mit dem „großen Karl" verglich und bald selbst „den Großen" nannte, trat nun der achtzehnjährige Otto II. Das war damals kein für eine solche Aufgabe zu jugendliches Alter; sein eigener Vater hatte als Vierundzwanzigjähriger die Königsherrschaft übernommen, sein Onkel Brun war erst fünfzehn gewesen, als Otto I. ihn zum Kanzler machte. Überdies amtierte Otto II. seit 961 als König, seit Weihnachten 967 war er Mitkaiser. Unter den Bedingungen eines auf dauerhafte Institutionen gegründeten Staates wäre ein nahtloser Herrschaftsübergang gesichert gewesen. Doch da Herrschaft sich damals in einem personalen Machtgefüge verwirklichte, war jeder Thronfolger vor die Aufgabe gestellt, seine Königsrechte neu durchzusetzen, und hier hing Entscheidendes davon ab, welche Helfer er gewann. Otto II. hatte die für die Einbindung in die heimische Adelsgesellschaft entscheidenden Jahre in Italien verbracht, war von dort erst kurz vor dem Tod Ottos I. mit einer Gemahlin aus einem fremden Kulturkreis zurückgekehrt. Theophanu vermittelte ihm keine Familienbindungen, die er zur Unterstützung hätte aktivieren können; der sächsischen oder fränkischen Sprache war sie wahrscheinlich nicht mächtig. Der Kreis der engen Berater, der wirklichen Vertrauten erscheint bei Otto II. als klein; vor allem Personen, mit denen er schon als Mitkaiser in Italien zusammen war, gehörten dazu. Was sollte der Thronfolger an die Stelle des unbestrittenen Gewichts setzen, das sein Vater aufgrund seiner Erfolge, seiner Verbindungen, seiner Altersautorität, seiner „Ehrung" durch viele Könige und Fürsten besaß?

Die Frage spitzte sich noch dadurch zu, daß Otto I. seinem Sohn große ungelöste Probleme hinterließ. Zwar erwies sich die Verbindung des ostfränkisch-lothringischen Reiches mit dem italischen Reich als gesichert. Doch die Situation in Rom war alles andere als stabil. Kaum hatten die Kaiserpaare die Alpen überquert, begannen nach dem Tod Johannes' XIII.

(†6.IX.972) und erst recht nach dem Tod Ottos des Großen wieder die alten Kämpfe der Adelsparteien um den Papstthron. Auch das Verhältnis zum byzantinischen Reich in Unteritalien war ungeklärt geblieben – die Probleme wurden später Otto II. geradezu zum Verhängnis. Und ein Jahrzehnt lang hatten Otto und Adelheid die Gebiete nördlich der Alpen fast nur aus der Ferne regiert. Vor allem in Sachsen waren darüber Unruhen entstanden; die Gründung der neuen Bistümer Magdeburg, Merseburg, Zeitz und Meißen hatte im östlichen Sachsen eine völlig neue Kräftekonstellation geschaffen, die um so weniger gefestigt war, als der Kaiser 965/66 auch die Kompetenzen in den slawischen Grenzmarken neu verteilt hatte – ohne daß er eine Konsolidierung durch seine Gegenwart vorantreiben konnte. Und würden die Fürsten der benachbarten Dänen, Obodriten, Polen oder Böhmen den jungen Kaiser in gleicher Weise anerkennen und ehren wie seinen Vater, der sie teilweise militärisch bezwungen hatte?

Die Kontinuität im Herrschaftsübergang wurde zunächst durch die Kaiserin Adelheid gesichert. Fast ein Jahr lang begleitete sie Otto II., als dieser zusammen mit seiner Gemahlin zum Regierungsantritt durch Franken, Lothringen und Sachsen zog; von der ungewöhnlich hohen Zahl an Privilegien wurde die Hälfte auf ihre Intervention hin ausgestellt. Adelheids Rolle akzentuierte aber auch Positionen innerhalb der Königsfamilie. Das wurde schon offenkundig, als Otto II. im Mai 973 seinen ersten großen Hoftag in Worms abhielt, wo er zwölf Jahre zuvor zum König erhoben worden war. Fast dominierend trat Herzog Heinrich von Bayern auf, Ottos älterer Vetter, der mit Adelheids Nichte Gisela verheiratet war, der Tochter des burgundischen Königs. Mit dem Herzog war seine Mutter Judith gekommen sowie der gesamte bayerische Episkopat; und zugegen war auch seine Schwester mit ihrem Mann, dem Herzog von Schwaben.

Um die Position dieses Clans kam es bereits ein Jahr später zum offenen Konflikt in der Königsfamilie, in dessen Folge auch Adelheid ihre Stellung am Hof verlor. Als nämlich Herzog Burkhard von Schwaben im November 973 starb, hätte die bayerische Verwandtschaft gern gesehen, daß die Verfügungsgewalt über das Herzogtum zunächst bei seiner Witwe, Heinrichs Schwester Hadwig, blieb; doch Otto setzte seinen gleichaltrigen Vetter Otto, den Sohn Liudolfs, zum Herzog ein. Wohl um die eigene Position zu stärken, ging Heinrich einen Pakt mit Bischof Abraham von Freising, seinem einstigen Erzieher, und den Herzögen Boleslaw von Böhmen und Mieszko von Polen ein. Der Aufforderung, sich wegen der Verschwörung dem Kaiser bedingungslos auf einem Hoftag zu stellen, leistete er unverzüglich Folge. Doch statt der erwarteten Wiederaufnahme in die Huld ereilte den Herzog eine ungewöhnlich harte Strafe: Er wurde zur Haft verurteilt, offenbar für längere Zeit. Damit brach erneut ein Konflikt in der Königsfamilie aus, der Ottos Position grundsätzlich in Frage stellte. Die Bruchlinie verlief zwischen den Nachkommen Kaiser Ottos und den Nachkommen Herzog Heinrichs, doch sie verlief zusätzlich auch zwischen dem Kaiser und seiner Mutter sowie zwischen dieser und Theophanu.

Heinrich konnte Anfang 976 aus der Haft in Ingelheim fliehen und trat nun in den offenen Aufstand. Er setzte nicht nur Regensburg in Verteidigungsbereitschaft, sondern mobilisierte auch in Sachsen einen starken Anhang zum Kampf gegen den König. Vom Episkopat zusammen mit allen seinen Parteigängern exkommuniziert, hielt der Herzog auch dem militärischen Druck nicht stand und floh zum Böhmenherzog. Jetzt verteilte der Kaiser die Machtpositionen im Süden neu. Vom bayerischen Herzogtum wurde Kärnten als eigenes Herzogtum mit der Mark Verona abgetrennt und einem Vetter Heinrichs aus der alten luitpoldingischen Herzogfamilie verliehen, während Herzog Otto von Schwaben zusätzlich noch Bayern erhielt. Als in der nächsten Phase der Kämpfe auch der neue Herzog von Kärnten sich dem abgesetzten Heinrich anschloß, gab Otto das Herzogtum an den Sohn Konrads des Roten und Liudgards, der ebenfalls Otto hieß. Die Machtspitze im Reich bildeten jetzt nur Nachkommen Ottos I.: Kaiser Otto II. und seine gleichaltrigen und namensgleichen Neffen,

d. h. die Enkel Ottos I. aus der Ehe mit Edgith. Die „Heinrich-Linie" und ihre luitpoldingische Verwandtschaft wurde ausgeschaltet. Heinrich mußte sich 978 auf dem Osterhoftag des Kaisers mitsamt seinen Anhängern bedingungslos unterwerfen und wurde zur Haft in Utrecht verurteilt, aus der er bis zum Tode Ottos II. nicht mehr freikam.

Während der Kaiser sich hier mit ungewöhnlicher Härte durchsetzte, ließ sich der Konflikt mit seiner Mutter Adelheid nicht mit solchen Methoden ausfechten. Das Zerwürfnis mit seiner Mutter vertiefte sich immer mehr. Zur Kaltstellung Heinrichs kam ein zweiter Streit hinzu, der ebenfalls Adelheids engsten Familienkreis tangierte. Er begann damit, daß 973 Großneffen Herzog Giselberts von Lothringen, die seit 958 am westfränkischen Hof bei Königin Gerberga im Exil gelebt hatten, nach dem Tod des alten Kaisers ihr Familienerbe zurückzuerlangen hofften und, als Otto II. ihnen dies nicht gewährte, es zurückzuerobern versuchten. In den Konflikt wurde die westfränkische Königsfamilie hineingezogen; doch der Kaiser suchte nicht die Verständigung mit seinem vierzehn Jahre älteren königlichen Vetter Lothar, sondern begünstigte den mit diesem zutiefst verfeindeten jüngeren Karl. Die Affäre eskalierte so sehr, daß Lothar in einem handstreichartigen Unternehmen den Kaiser 978 in Aachen überfiel und ihn mitsamt seinem Hof zu überhasteter Flucht zwang. Der Kaiser antwortete mit einem angekündigten großen Heereszug, der ihn nach der Einnahme königlicher Plätze bis vor Paris führte; die Stadt wurde symbolisch belagert, schließlich stimmte das kaiserliche Heer auf dem Montmartre ein *Te Deum* an, das über die Stadt hallte, und kehrte nach Hause zurück. Es ging nicht um Eroberung, sondern darum, durch Verwüstung und vorübergehende Besetzung des fremden Landes die eigene Überlegenheit und die Machtlosigkeit des Rivalen zu demonstrieren. Otto zeigte, um wieviel seine Macht die Lothars überragte, und erwies ihm statt Ehre Mißachtung. Lothar war aber mit Emma verheiratet, der Tochter Adelheids aus ihrer ersten Ehe mit König Lothar von Italien, was ihm zusätzlich Ehrung hätte garantieren müssen. Die Demütigung Lothars bedeutete in jener Gesellschaft auch eine Mißachtung Adelheids. Verbittert zog sich die Kaiserin aus dem Imperium nach Burgund an den Hof ihres Bruders zurück.

Bei der Struktur der Reiche und ihrer Gesellschaft machte es damals einen wesentlichen Teil des Regierens aus, sich mit seinem Anhang in solchen Konflikten durchzusetzen. Wie der Herrscher sie beendete und den Konsens im Reich wiederherstellte, war das wichtigste Zeichen für seine Macht und seine Fähigkeiten. Die seinem Vater nachgesagte Milde hat Otto II. nie gezeigt, vielleicht nicht zeigen können, weil er nicht überlegen genug war; aber er behauptete sich in starker Position. Heinrich hatte er niedergeworfen und hielt ihn mitsamt seiner Verwandtschaft nieder. Mit Lothar erreichte er einen Vergleich, der beide Monarchen als Beherrscher ihrer Reiche und die gegenseitige Respektierung der Hoheitssphären in Szene setzte: durch gegenseitige Ehrung auf einem Treffen am Chiers, einem Grenzfluß zwischen Lothringen und Westfranken.

Als die Konflikte durchgestanden waren, erfuhr die Stellung des Kaisers durch ein Ereignis im Herrscherhaus eine entscheidende Stärkung. Nach drei Töchtern gebar Theophanu Ende Juni 980 endlich einen Sohn. Der potentielle Thronfolger kündigte den Fortbestand des Königshauses an. Von den Lebensbedingungen der Herrscherfamilie vermittelt die Nachricht einen Eindruck, daß die Kaiserin auf dem Wege von Aachen nach Nimwegen in einem königlichen Forst zwischen Cleve und Gennep niederkam und daß sie schon Ende Oktober zusammen mit dem Säugling an der Seite ihres Gemahls mit nach Italien zog. Nach achtjähriger Abwesenheit des Hofes drohten die Verhältnisse dort der herrscherlichen Kontrolle zu entgleiten. Nicht nur werde ihm unter Beleidigungen der Gehorsam verweigert, schrieb der als Abt in das Kloster Bobbio geschickte Gerbert von Aurillac seinem Herrn, sogar der Kaiser selbst werde als Esel tituliert.

Machtentfaltung und Niederlagen Ottos II. in Italien

Vielleicht noch mehr als 973 nördlich der Alpen war Otto auf die Verbindungen Adelheids angewiesen, wenn er sein Kaisertum in Italien durch persönliche Anwesenheit zu voller Anerkennung bringen wollte. Insofern war die Versöhnung mit seiner Mutter eine Voraussetzung für den Erfolg im Süden des Imperiums. Doch wie war sie zu erreichen? Die Quellen halten hier wesentliche Elemente eines solchen Verfahrens fest. Otto signalisierte König Konrad, Adelheids Bruder, Bedauern über die Kränkung der Kaiserin. Konrad und Abt Maiolus von Cluny vermittelten die erbetene Zusammenkunft in Pavia und begleiteten Adelheid dorthin. Wie aus dem Versöhnungsritual ersichtlich ist, nahmen Mutter und Sohn beide einen Teil der Schuld auf sich: Sie warfen sich unter Tränen voreinander zu Boden und „begannen dann, einander in Demut zu grüßen". Otto bereut, Adelheid verzeiht in sichtbaren Formen – jetzt ist die Eintracht hergestellt, in der sich die Kaiserfamilie in ihrem Glanz und Ruhm zeigen kann. Mit Schiffen fährt der ganze Hof nach Ravenna, begeht dort gemeinsam mit dem Papst das Weihnachtsfest, zieht mit ihm zum Fastenbeginn weiter nach Rom, wo dann der Osterhoftag wieder einen repräsentativen Teil der kaiserlichen Familie vereint: Otto II., Theophanu, den kleinen Otto III., die Kaiserin Adelheid, Ottos Schwester Mathilde von Quedlinburg, König Konrad von Burgund mit seiner Gemahlin Mathilde, der Schwester König Lothars von Frankreich, Herzog Otto von Schwaben und Bayern, Herzog Hugo Capet von Franzien. Sie waren umgeben von Prälaten und hohen weltlichen Adligen aus Deutschland, Italien, Frankreich und Nordspanien. Hier sahen die Zeitgenossen, erlebten die Teilnehmer leibhaftige Kaisermacht.

Zwei Jahre später, Weihnachten 982 und Ostern 983, konnte man in Rom das Gegenteil sehen – die Isolierung eines geschlagenen, von den Großen des Reiches fast gemiedenen Kaisers. Otto II. war im Herbst 981 nach Salerno gezogen und von dort im Januar 982 nach Süditalien aufgebrochen, um die Sarazenen aus dem zum byzantinischen Reich gehörenden Kalabrien zu vertreiben. Er führte das größte Heer an, das je ein ottonischer Herrscher aufgeboten hatte: mehrere tausend Panzerreiter aus allen Teilen des Imperiums. Nach langwierigem Vormarsch durch Apulien stieß die Streitmacht am 13. Juli am Capo Colonne bei Cotrone an der Ostküste Kalabriens auf die zum Djihad ausgezogenen Truppen des Emirs Abul Qassim. Im ersten Zusammenstoß errang sie zwar den Sieg; doch ein aus dem Hinterhalt hervorbrechendes muslimisches Kontingent vernichtete Ottos glänzendes Reiterheer völlig. 16 Grafen und Markgrafen, mehrere Bischöfe, vornehmste Vasallen des Kaisers kamen um, andere gerieten in Gefangenschaft, blieben verschollen; viele der führenden Familien waren betroffen und viele, viele kleinere mit, die Panzerreiter oder auch nur Troßknechte gestellt hatten. Der Kaiser rettete sich auf einem fremden Pferd ins Meer, wo ihn ein griechisches Schiff aufnahm und entführen wollte; nur durch List und Gewalt konnte er sich wiederum aufs Land zu seiner in Rossano zurückgebliebenen Gemahlin und den Beratern in ihrer Umgebung retten. Geschlagen führte er die Reste seines Heeres durch das kalabrische Gebirge nach Salerno zurück.

Otto II. hatte nicht nur ein glänzendes Heer zusammen mit den Anführern, seinen Getreuen, verloren. Schwerer noch wog die Infragestellung der Herrschaftslegitimation. Es gehörte zu den unumstößlichen Überzeugungen der Zeit, nicht zuletzt zum Selbstverständnis und zur Herrschaftspropaganda der ottonischen Dynastie, daß Gott den Seinen den Sieg schenkt, daß Er Wenige, die ihr ganzes Vertrauen in Ihn setzten, über die Vielen siegen lassen kann. Hier war die kaiserliche Übermacht von den „Feinden Christi" geschlagen worden. Warum hatte Gott den Seinen, dem Herrscher von seinen Gnaden nicht geholfen?

Neben dem Kaiser waren seine Gemahlin Theophanu, sein Vetter Otto von Schwaben und Bayern sowie Bischof Dietrich von Metz, ein Vetter Ottos I., die „Köpfe" des Unternehmens gewesen. Das Unheil hatte nicht allein den Kaiser, sondern den Kern der Herrscherfamilie, das Herrschaftszentrum getroffen. Nachdem Otto im Herbst die Reste des Heeres entlassen hatte, scheint der Hof zunehmend in Isolierung geraten zu sein. Berater und Vertraute des Kaisers wie Herzog Otto oder Abt Werner von Fulda, die Irritationen in der Heimat vielleicht hätten dämpfen können, starben auf dem Rückweg. Daß der Hof sich an Weihnachten 982 und Ostern 983 in Rom aufhielt, erfährt man nur aus Zufallsnachrichten, von Hoftagen ist nichts bekannt; ein halbes Jahr lang scheinen Prälaten und Adlige aus Deutschland und Norditalien es vermieden zu haben, von Otto II. Privilegien zu erbitten. Dabei war die Autorität des Kaisers zweifellos dringend gefragt, wo die Ämter der Gefallenen und Verstorbenen neu besetzt werden sollten. Dringlich forderten die sächsischen Großen, und wohl nicht nur sie, eine Unterredung; daß nicht der Kaiser die Getreuen rief, sondern sie ihn, war ein ungewöhnliches Signal.

Der Hoftag trat an Pfingsten 983 in Verona zusammen, einer Stadt, die zum *Regnum Italicum* gehörte, aber damals dem Herzog Otto von Kärnten unterstand. Für die Großen war es zweifellos vordringlich, Erwartungssicherheit für den Fall zu schaffen, daß der Kaiser in Italien starb. Was wäre geschehen, wenn er bei Cotrone gefallen wäre? Hätten sie auf die Erhebung des kleinen Sohnes zum König setzen sollen, der für sie als Säugling nach Italien entschwunden war? Hätte Ottos Vetter Heinrich, noch immer inhaftiert, inzwischen 32 Jahre alt, nach der Krone gegriffen? Wohl niemand konnte dies voraussehen. Otto II. und Theophanu ihrerseits mußten alles Interesse daran haben, ihrem Hause die Nachfolge zu sichern. Die Lösung konnte dem Modell folgen, das Otto I. und Adelheid 961 gefunden hatten: den Sohn schon als Kind zum rechtmäßigen König zu machen und ihn nördlich der Alpen unter einer verläßlichen Regentschaft als Repräsentanten des Herrscherhauses walten zu lassen.

Unerbittlich hielt der Kaiser in Verona seinen Vetter weiterhin von jeder Machtposition fern; Heinrich blieb auch nach fünf Jahren noch in Haft. Den Luitpoldinger Heinrich, 977 als Herzog von Kärnten abgesetzt, nahm er jedoch wieder in seine Huld auf und verlieh ihm das Herzogtum Bayern, während das Herzogtum Schwaben – wieder ohne Rücksicht auf die frühere Herzogin Hadwig – an den Konradiner Konrad kam. Männer aus alten, den Liudolfingern ebenbürtigen Familien, nicht die ottonische Seitenlinie, sollten dem Kaiser helfen, eine Präsenz der Königsgewalt in den süddeutschen Herzogtümern sicherzustellen.

Das entscheidende Anliegen Ottos II. und Theophanus war aber zweifellos, die Thronfolge des erst dreijährigen Otto einzuleiten. Von den Großen beider Königreiche wurde der Kaisersohn in Verona zum König gewählt. In der Obhut des Erzbischofs Willigis von Mainz reiste der Dreijährige mit den Großen über die Alpen, um in Aachen die Königsweihe zu empfangen. Die beiden ranghöchsten Erzbischöfe aus den beiden Reichen nördlich und südlich der Alpen, die Erzbischöfe von Mainz und Ravenna, vollzogen am Weihnachtstag 983 die Krönung.

Doch mitten in die Festlichkeiten platzte die Nachricht, daß der Kaiser am 7. Dezember in Rom gestorben war; eine Durchfallerkrankung und deren Behandlung mit überdosierten Gaben von Aloe hatten den Tod des Achtundzwanzigjährigen herbeigeführt. Der Papst und die Gemahlin Theophanu, die beide dem Sterbenden beistanden, ließen den Toten in der Vorhalle von St. Peter in einem antiken Porphyrsarkophag beisetzen. Niemand scheint Anstalten gemacht zu haben, den Leichnam nach Sachsen zu überführen. Zwar hatte Otto in Memleben, dem Sterbeort seines Vaters und Großvaters, einen Kirchenbau von den Dimensionen des Magdeburger Doms ins Werk gesetzt, aber noch nichts Dauer Versprechendes, einer Herrschergrablege Würdiges gestiftet. Noch im Grabe blieb Otto II. seinen Getreuen entrückt.

Der Streit um die Regentschaft für Otto III.

Der Kaiser war tot, Otto III. aber schon zum König gekrönt, als man davon erfuhr – wer sollte im Reich die Zügel führen, bis er selbständig regieren konnte? Die Kaiserinnen Adelheid und Theophanu sowie die Äbtissin Mathilde, die drei „kaiserlichen Gebieterinnen", wie man sie nannte, waren noch in Italien und angesichts der unsicheren Lage nördlich der Alpen blieben sie vorerst dort. Der Bischof von Utrecht ließ Herzog Heinrich sofort frei, der Erzbischof von Köln händigte dem Vetter Ottos II. als dem rechtmäßigen Vormund den eben geweihten König aus. Heinrich zog mit ihm in das Zentrum der Macht, nach Sachsen. Dabei usurpierte er gewissermaßen das Herrscherzeremoniell für sich, indem er sich um Palmsonntag in Magdeburg mit den Sachsen traf und zu Ostern in Quedlinburg von Großen des Reiches mit den für den König bestimmten Lobgesängen einholen ließ, Treuegelöbnisse auf sich als Herrn und König forderte und die Huldigung slawischer Fürsten entgegennahm. Was Heinrich definitiv wollte, lag wohl noch nicht ganz offen, doch viele entzogen sich der geforderten Parteinahme, indem sie dem Hoftag fernblieben oder rasch den Ort verließen.

Plante Heinrich, formal als Mitkönig für den unmündigen Otto zu regieren, so wie in Byzanz oft Verwandte des Kaiserhauses, auch durch Usurpation, als Mitkaiser an Stelle der echten Kaisersöhne faktisch die Herrschaft ausübten? Die Unterstützung solcher Pläne wurde jedenfalls vor den österlichen Ereignissen Parteigängern Heinrichs unterstellt, zu denen neben dem Kölner auch der Trierer Erzbischof und weitere Bischöfe aus Lothringen gehörten. Der Erzbischof von Reims schrieb gar an den Mainzer Amtsbruder Willigis: „Will der, der zwei Ottos zu töten versucht hat, daß der dritte übrigbleibt?" König Lothar, den Heinrich auf seine Seite zu ziehen versucht hatte, aber auch dessen Bruder Karl sorgten als Verwandte des ottonischen Hauses in Lothringen für einen Umschwung zugunsten Ottos III. Für die meisten Sachsen war ohnehin klar, daß Heinrich dem geweihten Königskind das Königtum entreißen wolle, um selbst König zu sein; und dafür wollten sie ihm keine Hand reichen. Es ist der wohl bemerkenswerteste Aspekt der Ereignisse, wie sich in Sachsen und im Reich eine Mehrheit formierte, die dem Königshaus die Herrschaft und damit den Fortbestand sicherte, so daß schließlich selbst Heinrich vor seinem Anhang „in der Furcht

Gottes und zum Wohl des Landes" seine Pläne aufgab. Die Gemeinschaft der Großen – nach dem späteren Chronisten Thietmar von Merseburg: die des ganzen Imperiums und die des Königreichs, d. h. des sich findenden *Regnum Teutonicum* – bestimmte die Gestalt des Königshauses mit und sicherte trotz einer schwierigen militärischen Lage dem unmündigen Sohn des verstorbenen Kaisers das Königtum gegen die Ansprüche der Seitenlinie, gegen den erwachsenen, tatkräftigen Heinrich.

Angesichts der feindlichen Stimmung im sächsischen Adel war Heinrich nach Bayern gegangen, hatte aber auch dort Unterstützung fast nur bei den Bischöfen, kaum beim Adel gefunden; dann wollte er auf fränkischem Boden die entscheidende Zustimmung einholen. Doch inzwischen hatten sich die „Königstreuen" formiert. Auf den Bürstädter Wiesen gegenüber von Worms traten als deren Sprecher Erzbischof Willigis von Mainz und Herzog Konrad von Schwaben und Elsaß dem Usurpator entgegen. Heinrich mußte versprechen, den König am 29. Juni in Rohr seiner Mutter und ihnen zu übergeben. Er hatte verloren, und er wußte es. Jetzt konnte er nur noch versuchen, seine Machtposition zu stärken, um sich die Unterwerfung so hoch wie möglich honorieren zu lassen. Über Böhmen und mit Unterstützung des Böhmenherzogs stieß er nach Sachsen vor; doch die dortigen Großen überzogen seine Anhänger mit Krieg und verlangten von Heinrich ultimativ die Herausgabe des Königs. Wenn er das mit glaubwürdigen Eiden zusichere, wollten sie ihm bis zum Vergleich den Besitz von Merseburg, Walbeck und Frohse zugestehen und freien Abzug gewähren; andernfalls werde er lebendig weder vorwärts noch rückwärts einen Weg offen finden. In Merseburg sagte Heinrich allen Königsplänen ab und forderte seine Anhänger „bei der Liebe zu ihm" auf, mit ihm in Rohr zu erscheinen.

Erst jetzt gab der Erzbischof von Mainz den drei „kaiserlichen Gebieterinnen" das Signal, über die Alpen zu kommen. Heinrich hielt sein Versprechen, Otto III. wurde von Mutter und Großmutter liebevoll aufgenommen und einem Erzieher übergeben. Das war der Friedensschluß im Königshaus, am hellen Tag habe man den Stern von Bethlehem gesehen – und doch war es eine Ruhe auf Zeit: „Der König und der Herzog schlossen Frieden bis zu einem weiteren Treffen in Bürstadt". Trotz der Vermittlungsbemühungen König Konrads von Burgund und der Fürsten konnte auch dort noch keine Einigung erzielt werden; erst bei einer weiteren Zusammenkunft unterwarf sich Heinrich: „Als das königliche Kind Otto III. nach Frankfurt kam, da kam auch er (sc. Heinrich) dorthin und erniedrigte sich nach Gebühr, um der Strafe für seine ungerechte Erhebung zu entgehen. Demütig in Aufzug und Haltung, beide Hände gefaltet, errötete er nicht, vor den Augen der gesamten Menge und in Gegenwart der kaiserlichen Frauen, welche die Regierung besorgten, der Großmutter, Mutter und Tante des Kindes, sich dem königlichen Knaben als Lehnsmann zu ergeben, den er als Waise gefangengenommen und dessen Reich er gewaltsam an sich gerissen hatte. In wahrhafter Treue versprach er ihm ferner zu dienen, forderte nichts für sich als das Leben und bat nur um Gnade. Die Frauen aber, durch deren Sorge das Reich und die Jugend des Königs geleitet wurde, nahmen ihn, gar sehr erfreut durch die demütige Ergebung eines so hohen Mannes, mit verdienter Ehre auf – denn das ist der Milden Sitte, nicht Böses zu vergelten, sondern sogar für Böses Gutes zu erzeigen –, und als er begnadigt und zur herzoglichen Würde wieder erhoben war, waren sie ihm nicht nur unter den Freunden, sondern unter den Befreundetsten in schuldiger Liebe zugetan, wie das Recht der Verwandtschaft es fordert." So hielt man das Ereignis in den Annalen des Stiftes Quedlinburg fest, dessen Äbtissin Mathilde zugegen war.

Daß Heinrich die volle Herzogsgewalt erst in einer Fehde von seinem luitpoldingischen Vetter erkämpfen mußte, dem das Herzogtum 983 in Verona verliehen worden war und der erst Ruhe gab, als er nach dem Verzicht Herzog Ottos wenigstens Kärnten zurückerhielt, tangierte den Frieden nicht. Der Ausgleich war die Basis dafür, daß zunächst Theophanu und nach deren Tod im Juni 991 bis Ende 994 Adelheid die Regentschaft für den Sohn beziehungsweise den Enkel unbedrängt führen und im Namen des Königs kaiserliche Autorität entfalten konnten. Aus der karolingischen Tradition kannte man das Modell der für den unmündigen Sohn regierenden Königin nicht, und auch im ottonischen Reich gab es dafür noch keinen Präzedenzfall. Doch Autorität, Einfluß und Ausstattung der Königs- und Herzogswitwen – einer Mathilde, Adelheid und Theophanu, einer Berta, Reginlind, Judith oder Hadwig – erscheinen im 10. Jahrhundert ungewöhnlich groß; im westfränkischen Reich hatten Gerberga und Hadwig, gestützt von ihrem Bruder Otto I., sogar eine regelrechte Regentschaft für ihren königlichen oder herzoglichen Sohn führen können. So fehlte den *dominae imperiales* gewiß nicht die persönliche Autorität. Ihr politisches Selbstbewußtsein spiegelt sich darin, daß Theophanu und Adelheid schon vor dem Frankfurter Tag sich mit Emma, der Gemahlin König Lothars, und mit Adelheid, der Frau Hugo Capets, zu einem *colloquium dominarum*, einer Konferenz der Herrscherinnen, in Metz verabredeten, die danach auch stattfand, um hochpolitische Fragen zu klären; sie zitierten Bischöfe und sogar den neu eingesetzten Bayernherzog – aber ausdrücklich: nicht in Begleitung der Gemahlin – dorthin. Aber die selbstbewußten Matronen kämpften auch untereinander um ihre Positionen. Theophanu setzte durch, daß sie als Mutter Ottos III. allein die Regentschaft führte; und während Adelheid sich zunächst noch in Italien um die Rechte des Königtums kümmerte, wurde sie nach wenigen Jahren auch dort von Theophanu verdrängt. Herrscher war Otto III., und für ihn sprach die Mutter als „Teilhaberin am Reich" Ottos II., nicht die Großmutter. Erst als Theophanu 991 vor der Schwiegermutter starb, fiel die Verantwortung an Adelheid, die Gemahlin und *consors imperii* Ottos des Großen; neben und dann nach ihr rückte ihre Tochter Mathilde, die Äbtissin von Quedlinburg, immer mehr in eine bestimmende Position.

Unabhängig davon veränderten sich mit Todesfällen in der kaiserlichen Familie nicht nur die politischen Konstellationen, sondern mit der Auflösung personaler Netzwerke wandelte sich das Reich selbst, änderte seinen Charakter. In Frankreich starb 986 König Lothar, der Vetter Ottos II. und Herzog Heinrichs und seit 973 der Senior in der weiteren Königsfamilie. Nur kurz konnte die Königin Emma, Adelheids Tochter, die Regentschaft für ihren Sohn führen, da 987 auch Ludwig V. starb; sie selbst verschied im Jahr darauf. Den Königsthron bestieg Hugo Capet, auch er ein Vetter Ottos II. und Herzog Heinrichs. Doch da Lothars Bruder Karl, Herzog von Niederlothringen, sich als der rechtmäßige Thronerbe ansah, kam es zum unerbittlichen Kampf zwischen den westfränkischen Vettern aus der Ottonenverwandtschaft. Theophanu brachte er in schwierige Lage. Karl, von Hugo gefangengesetzt, starb 992. Als dann Adelheid die Regentschaft führte, starb 993 ihr Bruder Konrad, der König von Burgund; und kaum hatte Otto III. fünfzehnjährig selbst die Regierung übernommen, schieden 995 Herzog Heinrich von Bayern, 996 König Hugo Capet aus dem Leben. Von seinen nahen Verwandten standen drei – außer der sich jetzt zurückziehenden, auf die Siebzig zugehenden Adelheid – politisch im Vordergrund: seine Tante Mathilde von Quedlinburg († 999), Herzog Otto „von Worms", sein Vetter, sowie der neue Herzog von Bayern und spätere König Heinrich, ein Vetter zweiten Grades.

IV. Das ottonische Reich unter den letzten Kaisern aus dem sächsischen Hause

Otto III. und das Römische Imperium

Mit Ottos selbständiger Regierung rückt das Königshaus fast aus dem Gesichtsfeld: Den Blick zieht der junge Herrscher auf sich. Schon die Zeitgenossen faszinierte der Kaiser als Person. Immer wieder stutzten, staunten oder erschraken sie über die Art, in der er gewohnte Bahnen verließ. Wo von seinem personalen Umfeld die Rede ist, begegnet man neben Verwandten einem Kreis von bemerkenswerten Freunden oder von Vertrauten wie dem Lehrer Bernward von Hildesheim oder Gerbert von Aurillac, beide von starkem Profil in den Quellen, der eine durch seine Kunstwerke, der andere durch seine Schriften heute noch als schöpferische Gestalter aus der Zeit um 1000 faßbar.

Otto III. war Sproß nicht nur eines Kaiserhauses. In ihm trafen west- und oströmische Traditionslinien zusammen. Der Sohn der Theophanu war sich dessen zutiefst bewußt. Selbst von der Sprache her wäre er, wenn er aus der sächsischen Mundart heraustrat, gern nicht nur Lateiner, sondern auch Grieche gewesen. *Romanus, Saxonicus et Italicus* nannte er sich 1001 in einem Privileg für seinen Lehrer Bernward: Römer auch durch seine Mutter Theophanu, Sachse durch seinen Vater und Großvater, Italiener durch seine Großmutter Adelheid – und alles zusammen durch das ererbte Kaisertum mit der Norden und Süden verbindenden Herrschaft über zwei Königreiche.

Den gleich 994 ins Auge gefaßten Romzug zögerten verschiedene Probleme hinaus. Doch im Februar 996 brach der König von Regensburg auf, die heilige Lanze wurde ihm vorangetragen; im März überschritt er mit dem Heer die Alpen, um in Pavia repräsentativ Ostern zu feiern. Als er mit seinem Hofstaat zu Schiff nach Ravenna fuhr, traf eine römische Gesandtschaft ein, die den Herrscher bat, einen Nachfolger für den verstorbenen Papst Johannes XV. zu benennen. Otto tat Unerwartetes: Er nominierte seinen Verwandten Brun, Sohn Herzog Ottos „von Worms". Damit war die Tradition aufgebrochen, die römischen Bischöfe aus dem Umfeld der römischen Kirche zu nehmen. Schon Otto II. hatte geplant, Abt Maiolus von Cluny zum Papst zu erheben, und 983 seinen italienischen Kanzler, Bischof Petrus von Pavia, tatsächlich zum Papst gemacht. Aber einen Papst von jenseits der Alpen, aus einem christianisierten Barbarenvolk, das hatte es noch nie gegeben. Anfang Mai 996 bestieg Brun als Gregor V. den Stuhl Petri, am Himmelfahrtstag (21. V.) krönte er Otto III.

zum Kaiser. Ein Urenkel Ottos des Großen als Papst, ein Enkel als Kaiser der Römer – das „Römische Imperium" war in ottonischer Hand! Geradezu monumental brachte das neu erfundene Kaisersiegel dieses Bewußtsein zum Ausdruck.

Ähnlich wie sein Vater und Großvater hatte auch Otto III. durch die Neubesetzung des Papstthrones seine Position in Rom keineswegs gefestigt. Kaum kehrte er über die Alpen zurück, wurde Gregor von den Römern vertrieben. Der Stadtpräfekt Crescentius konspirierte mit Gesandten des „Kaisers der Römer" aus Byzanz; im Februar 997 erhob diese Gruppierung den früheren Lehrer Ottos und Günstling Theophanus, den Griechen Johannes Philagathos, Erzbischof von Piacenza, zum Papst. Den Kaiser erreichten die Nachrichten und Hilferufe in Aachen, wo er sich 997 für längere Zeit aufhielt. Dort begann er, die Pfalz Karls des Großen zur repräsentativen Kaiserresidenz mit allen Merkmalen einer damaligen Stadt auszubauen. Damals könnte Otto den nur gegen viele Widerstände zu realisierenden Plan gefaßt haben, Aachen zum Bischofssitz zu machen und das Marienstift mit dem Karlsgrab in den Rang einer Kathedralkirche zu erheben, um selbst dereinst dort zu ruhen.

Der jetzt Siebzehnjährige scheint hier mit seiner Umgebung grundsätzlicher über seine Stellung als Kaiser nachgedacht zu haben. *Romanorum imperator augustus*, natürlich durch die Gnade Gottes, wurde jetzt zum stets gebrauchten Titel, ungeachtet der byzantinischen Empfindlichkeiten gerade in diesem Punkt. Zweimal gestalteten die Helfer in kurzem Abstand sein Siegel neu, um ihn noch deutlicher als von Gott mit der Herrschaft investiert, als vom Geist Gottes inspiriert, ja wie Christus thronend als dessen Stellvertreter erscheinen zu lassen: Der später von allen europäischen Königen übernommene, jahrhundertelang gültige Typus des „Majestätssiegels" wurde in dieser Situation erfunden. In dem wohl damals entstandenen Evangeliar des Aachener Domschatzes ist das Bildnis Ottos III. in fast irritierender Weise der Darstellung Christi angenähert.

Otto III. mußte dringend nach Rom, um mit der Rück-
führung Gregors V. seine Autorität durchzusetzen. Zunächst
verzögerte der Tod des Herzogs Geiza von Ungarn den Ab-
marsch; denn eine heidnische Reaktion gefährdete die Nachfolge seines Sohnes Stephan, dessen Taufpate der Kaiser war
und der wohl in dieser Situation Gisela, die Schwester des
neuen Herzogs Heinrich von Bayern, zur Frau erhielt. Im
Spätjahr 997 überschritt Otto mit dem Heer den Brennerpaß,
begleitet von den Herzögen Heinrich und Otto „von Worms",
seinen nahen Verwandten; die Verantwortung für das Reich
nördlich der Alpen hatte er seiner Tante Mathilde übertragen.
Weihnachten in Pavia, zu Schiff nach Ravenna, auf der letzten
Strecke geleitet vom Sohn des Dogen von Venedig, den er aus
der Taufe gehoben hatte – es war der „Kaiserweg", den Otto
wählte, um dann acht Tage nach dem Fest Mariä Reinigung
(2.II.) von Ravenna in schnellem Marsch auf Rom vorzusto-
ßen. Zum Sonntag Sexagesima (20.II.) zog er dort ein, ohne
auf Widerstand zu treffen.

Während der Fastenzeit geschah anscheinend nichts. Der
Präfekt Crescentius hatte sich in der Engelsburg verschanzt;
Johannes war aus Rom geflohen, nachdem Otto sein Ange-
bot, sich zu unterwerfen und auf die Papstwürde zu verzichten, nicht angenommen hatte. Nach Ostern (17.IV.) brach das
Strafgericht des Kaisers und Gregors V. über die „Verräter"
los. Ein Kommando unter dem Breisgaugrafen griff den Gegenpapst auf; er wurde sofort grausam an Augen, Nase, Zun-
ge und Ohren verstümmelt, danach riß man ihm auf einer
Synode in Rom den usurpierten Ornat vom Leibe und trieb
den Mißhandelten schließlich nackt und rücklings auf dem
Esel sitzend durch die Stadt. Als „Freunde Christi" hätten die
Helfer des Kaisers gehandelt, verteidigte man in Mathildes
Kloster Quedlinburg die Taten, gegen Diener des Teufels, gegen einen Repräsentanten des Antichrist, der den Thron Petri
besudelt habe. Auch Crescentius, den der Kaiser früher schon
einmal begnadigt hatte, fand kein Pardon: Tag und Nacht
berannten Deutsche und Römer unter dem Kommando des
Markgrafen Ekkehard von Meißen die Engelsburg. Noch

einmal rief Crescentius die Gnade des Kaisers an – vergeblich. Die Festung wurde gestürmt; am 28. April wurde der Präfekt als Majestätsverbrecher enthauptet und auf dem Monte Mario an den Beinen aufgehängt. Während dieses Kampfes begann der Kaiser, seine Privilegien statt mit Wachssiegeln nur noch mit den prestigeträchtigeren Bleibullen zu beglaubigen. Sie zeigten sein Haupt als *imperator augustus* und auf der Rückseite die Devise *Renovatio imperii Romanorum*, der eine gewappnete allegorische Figur als Zeichen der Macht Nachdruck verlieh.

Renovatio, Wiederherstellung vorbildlicher Zeiten, war eine Leitidee mittelalterlichen Kaiser- und Königtums. Das Schlagwort entstammte letztlich der Herrschaftspropaganda antiker Caesaren; doch die Vorstellung hatte sich längst mit der religiösen Herrschaftslegitimation verbunden. In der Krönungsliturgie bat man Gott, er möge die an den biblischen Königen Israels erwiesenen „Wunder seines starken Arms" wiederholen, möge den Geweihten als neuen David oder Salomon regieren lassen, ihm Siege wie Josua oder Judas Makkabäus gewähren – und in den Siegen, der Stärke, der Gerechtigkeit, der Milde eines Herrschers sowie im Frieden seines Reiches sah man eine solche Wiederkehr. Und ähnlich setzte man das Wirken eines guten Herrschers mit dem der großen christlichen Kaiser gleich – er erschien als neuer Konstantin, Theodosius oder Karl.

Im Banne dieses Denkens stand auch die Umgebung Ottos III. Doch was zum Leitbild des jungen Kaisers wurde, die *Renovatio imperii Romanorum*, ging über die Tradition hinaus. Konkret bezog sich die Devise auf Notwendigkeiten der Kaiserherrschaft in Rom und auf Verpflichtungen gegenüber der römischen Kirche; aber gerade in jener Zeit bedurften Anspruch und Macht der rituellen Verdeutlichung, einer visuell erfaßbaren Konkretisierung im zeremoniellen Vollzug. Der Wille zur *Renovatio* legitimierte auch bisher Ungewohntes; um dem Vorbild „römischen" Kaisertums nachzuleben, entnahm Otto zur Repräsentation geeignete Elemente nicht nur der westlichen Tradition, sondern auch der byzantinischen. Zur Selbstdarstellung des Kaisertums gehörten schon für Otto I. und Otto II. Wissenschaft und Kunst; doch Otto III. umgab sich mit einem außerordentlichen Kreis von Personen, welche es auch auf diesen Gebieten den bewunderten Autoren und Künstlern der Antike gleichtun wollten. Manche Zeitgenossen begrüßten die „römische Erneuerung" emphatisch, andere betrachteten sie mit Befremden, hielten manches gar für unreife Jugendideen. In der Tat scheint Otto als Kaiser oft weniger durch erfahrene Ratgeber angeleitet als durch die Zustimmung insbesondere von Altersgenossen vorangetrieben zu sein.

Die erschreckenden Geschehnisse vom April 998 und ihre Reflexe in den zeitgenössischen Quellen zeigen, um was es den Handelnden ging, voran dem achtzehnjährigen Herrscher: um seine gottgesetzte Aufgabe, um seine Berufung zum Kaiser der Römer, um seine Herrschaft gemeinsam mit dem Nachfolger Petri, um den Schutz der römischen Kirche. Otto III. übte hier nicht persönliche Grausamkeit. In Quedlinburg behauptete man, die „Freunde Christi" hätten Johannes so behandelt, damit er nicht der Strafe entgehe, wenn sie ihn zuerst zum Kaiser brächten. Doch im ottonischen Reich wurden die Warnungen der Bergpredigt – „richtet nicht, damit ihr nicht gerichtet werdet"; „mit welcherlei Maß ihr messet, wird euch gemessen werden" – dem Herrscher gern vorgehalten. Der tschechische Freund Adalbert-Vojtech, der 997 den Märtyrertod erlitt, hatte Otto vor seinem Aufbruch ermahnt, ein „allermildester Herrscher" zu sein. Hatte der Kaiser bei seinem Vorgehen den Rat des Evangeliums mißachtet? Der neunzigjährige süditalienische Abt und Einsiedler Nilus, der sich persönlich für den mißhandelten Gegenpapst verwendete, zog sich nach dem Vorgefallenen fast irr vor Zorn aus Rom zurück und prophezeite dem Kaiser: So wie er und Gregor kein Erbarmen mit ihrem Feind gezeigt hätten, so würden ihnen dereinst ihre Sünden von Gott nicht vergeben werden.

Mit aller Schärfe öffnete sich hier ein Zwiespalt, der in der Herrschaftslegitimation selbst angelegt war. Die Guten zu hegen, die Bösen zu schrecken, die Feinde Christi niederzuwerfen – das war seit Jahrhunderten die Kurzformel für die Aufgaben der Königsherrschaft, dafür wurde dem Herrscher bei der Krönung das Schwert überreicht. Aber der von Gott zur Lenkung des christlichen Volkes berufene König wurde im 10. Jahrhundert immer stärker in abbildhafter Entsprechung zu Christus selbst gesehen; er sollte nicht zuletzt auch öffentlich etwas von Christi Erbarmen zeigen, wenn er selbst danach verlangte. Um der Gnade würdig zu werden und sich der Hilfe Gottes zu versichern, mußte er Demut üben, Schuld bekennen, seine Sünden bereuen. Diese Tendenz steigerte sich unter Otto III., weil er sich dem Ideal auch hier in ungewohnten Formen näherte; doch man darf sein Verhalten nicht psychologisch und punktuell als Reue für die Untat an Johannes deuten. Es war vielmehr Ausdruck eines gewandelten Verständnisses des Kaisertums. Was am Leben von Mönchen und Bischöfen als vorbildlich erschien, beeinflußte jetzt auch das Idealbild des Herrschers. Mitgezogen von einem Kreis deutscher und slawischer Freunde aus vornehmsten Familien, die als Geistliche in Rom unter dem Einfluß süditalienisch-griechischen Asketentums ein Leben ganz im Dienste Christi suchten, unterzog auch der Kaiser sich frommem Fasten und nächtlicher Buße im Gebet unter den ersehnten Tränenströmen. Doch er tat es – wie auch von Bischöfen der Ottonenzeit, etwa Brun von Köln, erzählt wurde – heimlich, erschien tags mit dem erwarteten heiteren Antlitz im kaiserlichen Ornat. In der Fastenzeit trug er unter dem Purpur das Büßerkleid. Bei seinen Nachfolgern wurden solche Frömmigkeitsbezeugungen unter der zeittypischen Ritualisierung herrscherlichen Handelns zu öffentlichen Akten mit gemeinsamem „Bußweinen" gesteigert.

Als ungewöhnliche Manifestationen herrscherlicher Gottesverehrung erscheinen auch Ottos Pilgerfahrten. Anfang 999 wallfahrte er zu dem berühmten Heiligtum auf dem Monte Gargano, in byzantinischem Gebiet, wo einst der Erzengel Michael erschienen war, unter dessen Banner die Ottonen mit ihrem Heer in den Krieg zogen. Gegen Ende des Jahres brach der Kaiser von Rom als Pilger zum Grab des neuen Märtyrers Adalbert nach Gnesen auf. Otto überschritt dabei bewußt die Grenzen des Imperiums. Einen Aufenthalt in Ravenna nutzend, zog er sich im Jahr 1001 nach dem Osterfest angeblich für einige Tage in die einsame Abtei Pomposa zurück; von dort ließ er sich heimlich nach Venedig holen, besuchte inkognito den Dogen zu politischen Verhandlungen, bezeugte aber vor allem auch dem heiligen Marcus seine Verehrung.

Gewiß hatten die Bußübungen des Kaisers ebenso wie die Wallfahrt zum Michaelsheiligtum, auch wenn sie allem seinem Tun galten, damals zugleich einen Bezug zu den Vorfällen beim „Strafgericht" in Rom. Aber zu Unrecht hat man das Verhalten als Ausdruck einer inneren Zerrissenheit, ja als Anzeichen für eine gebrochene Persönlichkeit gewertet. Otto brauchte die Hilfe Gottes, das Erbarmen Christi, den Beistand der Heiligen für den Bestand seiner Herrschaft, für die Verwirklichung seiner Pläne. Er steigerte die Formen der Bitte um himmlische Hilfe – nicht zuletzt für die Erneuerung des römisch-christlichen Imperiums.

Durch Unruhen und Unbotmäßigkeiten wurde Otto auch weiterhin vor Augen geführt: Wenn sein Kaisertum Rom und den Schutz des Papsttums voll einbeziehen sollte, dann verlangte dies eine dauerhaftere Präsenz der kaiserlichen Macht in der Stadt der Apostelfürsten. Das hatte sich seit 962 immer wieder gezeigt – Otto III. zog daraus Konsequenzen. Gewiß war Rom der Sitz des Nachfolgers Petri, aber nicht nur; Rom war für ihn zugleich die königlich-kaiserliche Stadt, das „Haupt der Welt". Mit Nachdruck demonstrierte er dort seine Herrschaft, nahm Rechte wahr, baute einen Hofstaat mit antikisierenden Titeln auf. Auf dem Palatin ließ er eine eigene Pfalz in den altrömischen Kaiserpalästen errichten, gewissermaßen in Entsprechung zum päpstlichen Palast im Lateran. Die Präsenz des Kaisertums in Rom sollte die gemeinsame Herrschaft und Verantwortung von Papst und Kaiser in der Christenheit – gemeint war damit die westliche, lateinische – zur Darstellung und zur Wirkung bringen.

Kaisertum und Mission

Als Gregor V. im Februar 999 starb, ließ der Kaiser wiederum einen Mann von jenseits der Alpen zum Papst erheben: den von ihm seit langem verehrten Gerbert von Aurillac. Während der römischen Ereignisse vom April 998 hatte er dem vertriebenen Erzbischof von Reims das Erzbistum Ravenna anvertraut – nun berief er den gelehrtesten Mann seiner Zeit als Partner seiner Erneuerungspläne auf den Stuhl Petri. Gerbert nahm den Papstnamen Silvester II. an und bezog sich damit auf den Papst, der Kaiser Konstantin zum Christentum bekehrt und mit ihm den kirchlichen Ausbau Roms verwirklicht hatte. Die Wahl des Papstnamens war ein Ausdruck des Willens zur Erneuerung des christlichen Imperiums gemeinsam mit dem Kaiser, und zwar der *restauratio ecclesiae* und der *restitutio rei publicae*, so wie man sie Silvester I. und Konstantin zuschrieb.

In die Zeit des Zusammenwirkens von Otto und Gerbert/Silvester fallen Entscheidungen, die für die Christianisierung und für die Staatenbildung im östlichen Mitteleuropa gleichermaßen bedeutsam sind: die Gründung des Erzbistums Gnesen für Polen und des Erzbistums Gran für Ungarn. Ausbreitung des Glaubens, der Gottesverehrung nicht zuletzt in den feierlich-liturgischen Formen jener Zeit, galt als die vornehmste Aufgabe des christlichen Kaisertums. Karl der Große hatte Ottos eigenes Volk, die Sachsen, durch „Schwertmission" unterworfen und dann acht Bistümer in seinem Imperium gegründet. Otto der Große hatte schon als König die Schaffung von Bistümern bei Dänen und Elbslawen, jenseits der Reichsgrenzen, betrieben; als Kaiser gab er mit der Errichtung des Erzbistums Magdeburg und seiner Suffraganbistümer auch der kirchlichen Organisation in den benachbarten Regionen der Slawen eine feste Basis und band mit der Einrichtung eines Bischofssitzes in Prag als Suffraganbistum von Mainz Böhmen kirchlich enger an sein Herrschaftsgebiet an. Doch die Bistümer Brandenburg und Havelberg waren 983 durch einen großen Slawenaufstand zerstört worden; und die dabei gefestigten alten Strukturen widerstanden für Jahrzehnte den Versuchen einer kirchlichen Organisation. Otto III. ging angesichts der Veränderungen in den östlichen Teilen Europas wiederum eigene Wege. Bei Polen und Ungarn hatten christlich werdende Fürstenhäuser dauerhaftere, großräumigere, auf den Fürsten zentrierte Herrschaften errichtet. Im Zusammenwirken mit solchen Fürsten konzipierten Kaiser und Papst eine eigenständige kirchliche Organisation für Polen und Ungarn und schufen so die wichtigste Voraussetzung, um die neuen Reiche in die „römische" Christenheit und in die um den westlichen Kaiser gruppierte Familie der Könige zu integrieren.

Mieszko I. von Polen (ca. 960–992) und sein Sohn Boleslaw Chrobry (Alleinherrscher 992–1025) kooperierten, ungeachtet auch zeitweiliger Spannungen, bei Auseinandersetzungen mit den Elbslawen oft eng mit den Ottonen und nahmen Töchter aus sächsischen Adelsfamilien zur Ehe. Um 990 hatte Mieszko sein Land dem heiligen Petrus, d. h. der römischen Kirche, übertragen; in Posen war, an Magdeburg angelehnt, ein Bistum entstanden; Boleslaw förderte die Mission bei den benachbarten heidnischen Völkern. Als hierbei der tschechische Fürstensohn Adalbert-Vojtech als Glaubensbote am 23.IV.997 von den baltischen Pruzzen erschlagen wurde, kaufte er dessen Leib frei und ließ den Märtyrer in Gnesen, dem vornehmsten unter seinen Sitzen, bestatten; sofort entstand ein Heiligenkult. Die Person Adalberts schuf eine Verbindung zu Boleslaw und Gnesen, die dem noch nicht zwanzigjährigen Otto eine der spektakulärsten Inszenierungen seines „römischen" Kaisertums ermöglichte.

Adalbert war in der Magdeburger Domschule ausgebildet und 983 Bischof von Prag geworden; der Herzog von Böhmen ließ ihn dort aber nur zeitweilig amtieren, weil er der konkurrierenden Fürstenfamilie angehörte. Nach seiner zweiten Vertreibung hatte Adalbert König Otto aufgesucht und war mit ihm zur Kaiserkrönung nach Rom gezogen, wo er nach seiner ersten Vertreibung schon mehrere Jahre der griechisch-lateinischen Mönchsgemeinschaft von SS. Bonifacio e Alessio auf dem Aventin angehört hatte. Er machte den Kaiser mit dem dortigen Asketenkreis vertraut. Da er nicht in sein Bistum zurückkehren konnte, wollte Adalbert mit päpstlicher Erlaubnis den Heiden predigen. Nachdem er sich Anfang 997 von Otto in Aachen verabschiedet hatte, ging er zunächst zu Stephan von Ungarn, dann zu Boleslaw und zog von dessen Reich weiter zur Mission, bei der er den Tod fand.

Eine Pilgerfahrt, um am Grab des neuen Märtyrers zu beten, erlaubte es Otto, Glanz und Macht des Kaisertums weit jenseits der Grenzen seines Imperiums zu zeigen. Deshalb besaß alles, was hier mit Bedacht getan wurde, Aussagekraft für die *Renovatio imperii Romanorum*. Eine römische Synode beriet über die Einrichtung einer neuen Kirchenprovinz und bestimmte schon vor dem Aufbruch Adalberts Bruder Radim-Gaudentius zum künftigen Erzbischof. Kein Kaiser sei jemals glanzvoller aus Rom ausgezogen und dorthin zurückgekehrt, schrieb wenig später Thietmar von Merseburg. Kaum hatte Otto in raschem Zug die Alpen überquert, eröffnete er seine Privilegien mit einem Demutstitel, der ihn zugleich in die Nähe Christi rückte und seiner Auferstehungshoffnung Ausdruck verlieh: „Otto der Dritte, Diener Jesu Christi und der Römer erhabener Kaiser gemäß dem Willen Gottes, des Erlösers und unseres Befreiers." Der dem Titel gewiß entsprechende Aufzug fand überall vor großer Öffentlichkeit statt: Die gesamte *Gallia*, *Francia* und *Suevia* sei dem Kaiser bis zum Fuß der Alpen nach Bayern entgegengezogen, die Ersten der Sachsen und Thüringer waren dabei, voran Ottos Schwestern Sophia und Adelheid, die Äbtissinnen von Gandersheim und Quedlinburg; in Regensburg, Zeitz und Meißen wurde Otto jeweils von den Bischöfen auf das ehrenvollste empfangen. Und als er dann Boleslaws Reich betrat, erreichten Pracht und Aufwand vom ersten Zusammentreffen des Herzogs mit dem Kaiser in Eulau bis zur Ankunft in Gnesen eine Dimension, von der sogar der polenfeindliche Thietmar angibt, jeden Bericht darüber werde man nicht für glaubhaft halten. Doch als man dann von weitem der Burg Gnesen ansichtig wurde, da pilgerte der Kaiser „sich demütigend" barfuß zum Ort, wurde vom zuständigen Bischof Unger von Posen ehrfurchtsvoll in die Kirche geleitet und bat dann „unter Tränen den Märtyrer Christi um seine Fürbitte zur Erlangung der Gnade Christi". Am Sonntag *Laetare Ierusalem* (10.III.) wurde die Gnesener Kirche zum Erzbistum erhoben und ihr als Bistümer Kolberg, Krakau und Breslau unterstellt. Der in Posen schon amtierende Bischof Unger verweigerte allerdings die kirchenrechtlich notwendige Zustimmung und schuf damit zunächst ein Hindernis für die weitere Verwirklichung der Pläne.

Der Kaiser trug aber nicht nur durch seine demütig-großartige Mitwirkung an der Errichtung des Metropolitansprengels für das Reich Boleslaws apostelgleich zur Ausbreitung des Evangeliums Christi bei. Seine kaiserliche Stellung zu demonstrieren, gaben ihm vor allem auch die Ehrung durch Boleslaw und sein eigenes Verhalten gegenüber dem Fürsten Gelegenheit. Kein Aufwand scheint dem Gastgeber zu groß gewesen zu sein, reichste Geschenke brachte er dar; doch Otto habe sie nicht mitgenommen, schrieb man in Quedlinburg, um zu zeigen, „daß er nicht zum Raffen und Nehmen, sondern zum Geben und Beten" gekommen sei. Boleslaw brachte der Besuch eine deutliche Rangerhöhung: Vom tributzahlenden Stammesfürsten habe Otto ihn zum selbständigen Herrscher gemacht, kritisierte Thietmar. Als besondere Heraushebung übergab der Kaiser dem Fürsten eine Nachbildung der heiligen Lanze – sie ist noch erhalten – mit einer Partikel vom Nagel des Kreuzes Christi und verlieh ihm so symbolisch Anteil an seiner eigenen, auf Christus gegründeten Herrschaft; im Gegenzug erhielt er einen Arm des Märtyrers Adalbert. Der Reliquientausch besiegelte einen Freundschaftspakt. Ein Ehebündnis sollte ihn verstärken: Damals wohl wurde Boleslaws Sohn Mieszko eine Nichte des Kaisers, Tochter seiner Schwester Mathilde, als Gemahlin versprochen. Boleslaw demonstrierte seinen neuen Rang gegenüber den Großen im ottonischen Reich, indem er dem Kaiser 300 Ritter als Geleit bis Aachen mitgab, selbst zum Palmsonntag mit Otto in Magdeburg einzog und am Osterhoftag in Quedlinburg teilnahm, wo bisher die slawischen Fürsten als *tributarii* den Königen und Kaisern ihre Huldigung dargebracht hatten.

Eine mit sagenhaften Elementen durchsetzte „Geschichte der Herzöge und Fürsten der Polen", die ein französischer Benediktiner im frühen 12. Jahrhundert am Piastenhof schrieb, schildert den Empfang Ottos durch Boleslaw in teils grotesk übertreibenden Szenen. Sie behauptet, der Kaiser habe angesichts dieser Entfaltung von Reichtum und Macht gesagt, es gezieme sich nicht, daß man einen solchen Mann wie einen anderen Fürsten als Herzog oder Graf tituliere, sondern daß er, ehrenvoll mit dem Diadem bekränzt, auf den Königsthron erhoben werde. Dann habe er die Krone von seinem Haupt genommen und sie Boleslaw zum Zeichen des Freundschaftsbündnisses aufgesetzt. Zum Bruder und zum *cooperator imperii* habe er ihn gemacht und ihn Freund und Bundesgenossen des römischen Volks genannt; die Kirchenhoheit in seinem Reich habe ihm Papst Silvester durch ein Privileg bestätigt. Was hiervon wirklich geschehen ist, ob die Akte eine Erhebung Boleslaw zum König vorbereiten sollten, die dann doch nicht realisiert wurde, ob gar Boleslaw bei der Begegnung mit dem Kaiser zum König gemacht wurde, ist in der Forschung umstritten. Der Charakter der Quelle läßt eine gesicherte Entscheidung kaum zu. Sie verbindet aber die Vorgänge bemerkenswert deutlich mit der „Erneuerung des Imperiums der Römer" und spiegelt in der Rühmung Boleslaws das ungewöhnliche Handeln Ottos III., wo es um sein Kaisertum geht.

Die Pilgerfahrt des Kaisers war mit der Osterfeier in Quedlinburg noch nicht beendet. Otto brachte die Märtyrerreliquie nach Aachen in das dem heiligen Adalbert geweihte Kanonikerstift, das er dort gleich 997 gegründet hatte. Während er zu Pfingsten die Großen um sich versammelte, befahl er aus Verehrung für Karl den Großen nach dessen vergessenem Grab zu forschen, ließ es heimlich öffnen und untersuchte es mit nur wenigen Begleitern; er fand den Leichnam fast unversehrt, nahm wenige Dinge wie Reliquien an sich und barg die Reste wieder pietätvoll in der Gruft. Thietmar ordnet Ottos Tun dem Willen zu, „das großenteils verfallene alte Brauchtum der Römer in seiner Zeit zu erneuern". Es scheint, als habe Otto mit dem viele befremdenden Akt der Devotion eine Verehrung seines großen Vorgängers als Heiligen einleiten wollen.

Den Pilgertitel „Diener Jesu Christi" ablegend, kehrte Otto nach Rom zurück. In Fortsetzung des in Gnesen begonnenen Werkes verfügten Papst und Kaiser nach synodaler Beratung, daß in Gran auch für die Ungarn ein Erzbistum mit weiteren Suffraganbistümern eingerichtet und daß ihr Herrscher Stephan zum König erhoben werden solle. Für die Weihe – wie man vermutet, am Weihnachtstag des Jahres 1000 – ließ der Kaiser seinem Patensohn und Schwager Herzog Heinrichs eine kostbare Krone überbringen. Wie vorher Boleslaw verlieh er auch ihm eine Nachbildung der heiligen Lanze, die er sich selbst bei allen Unternehmungen als Zeichen des Schutzes Christi vorantragen ließ.

Am Weihnachtstag hatte sich die Geburt Christi zum tausendsten Mal gejährt; mit Bangen und Hoffen hatten manche auf das Datum geschaut, auch wenn Menschen nicht versuchen sollten, die Stunde der Wiederkehr Christi zu berechnen. Otto und Silvester eröffneten nach Epiphanias in Rom das neue Jahrtausend mit einer Synode. Die Gemeinsamkeit von Kaiser und Papst in der Leitung der Christenheit wurde in der Öffentlichkeit jetzt noch mehr verdeutlicht. Gemeinsam agierten sie bei geistlichen und weltlichen Akten und wirkten zur Ausbreitung der Kirchen weithin sichtbar zusammen. Der Kaiser glich Zeichen seiner Herrschermacht dem päpstlichen Usus an: Seit Januar 1001 führte er als erstes Glied in der Titulatur seiner Privilegien „Otto, Diener der Apostel ...", was dem traditionellen Titel „Diener der Diener Gottes" der Päpste entsprach; seine Siegelbulle, bisher eine künstlerisch hervorragend gestaltete Vergegenwärtigung seines Kaisertums, wurde der nicht halb so großen päpstlichen Bulle angepaßt, die auf der Vorderseite nur den Namen mit dem Titel ohne Bildnis trug. Die Inschrift *aurea Roma* auf der Rückseite der Kaiserbulle erinnerte weiterhin an die Erneuerung. Ein wohl von Silvester mitformuliertes Privileg für die römische Kirche, das ihre Erneuerungsbedürftigkeit durch scharfe Kritik an früheren Päpsten hervorhob, artikulierte im Hinblick auf die Bestimmung Roms – Haupt der Welt, Mutter aller Kirchen – programmatisch das Ineinander von päpstlicher und kaiserlicher Stellung in der Ewigen Stadt, von Silvesters Apostolat und von Ottos Kaisertum.

Doch in der Stadt Rom konnten kleinere Anlässe genügen, die Stellung von Papst und Kaiser zu erschüttern. Während der römischen Synode war in Tivoli ein Aufstand ausgebrochen; das kaiserliche Heer erzwang die Übergabe der Stadt, und die Vornehmsten kamen, zu jeder Sühne bereit, auf Vermittlung Bernwards von Hildesheim und des vom Kaiser verehrten Eremiten Romuald in Ottos römische Pfalz. Eine angeblich zu milde Bestrafung ihrer Feinde rief einen Aufstand der Römer hervor. Der Kaiser und sein Anhang schlugen sich nach dreitägiger Belagerung, durch Fasten und Gottesdienst vorbereitet, unter dem Schutz der heiligen Lanze in blutigen Gefechten auf die andere Seite des Tiber durch, wo Herzog Heinrich von Bayern und Markgraf Hugo von Tuszien mit Truppen aufmarschiert waren. Mit einer Rede an die Römer führte der Kaiser einen Umschwung herbei: Euretwegen habe ich die Meinen verlassen, habe mein eigenes Volk und meine Verwandten zurückgesetzt, habe Euch in Regionen geführt, die Eure Vorfahren nie betreten haben – mit Worten dieser Art soll Otto die Aufständischen so für sich gewonnen haben, daß sie die adligen Rädelsführer gewaltsam ergriffen und ihm halb tot zu Füßen warfen. Dennoch zogen Kaiser und Papst es vor, während der Osterzeit in Ravenna zu tagen. Als Otto im Mai mit Truppen wieder vor Rom erschien, blieben ihm die Tore verschlossen; auch im Herbst dauerte der Widerstand noch an.

Inzwischen hatte der Kaiser ein Heer aus Deutschland und Italien gesammelt, mit dem er auf Rom zuzog. Nicht in der Stadt der Apostelfürsten, sondern in Todi feierte er Weihnachten und hielt mit Papst Silvester eine Synode ab. Die Ankunft der Truppen verzögerte sich über Mitte Januar 1002 hinaus; nur langsam näherte sich Otto Rom. Ein Ausfall der Römer brachte ihn in ernste Gefahr, unter seinen Waffengefährten fielen vertraute Freunde. Bevor er über die Mannschaften verfügte, Rom anzugreifen und Rache zu üben, starb Otto III. am 24. (oder 23.) Januar in der Burg Paterno nördlich von Rom am Fieber. Seine Begleiter, jetzt angeführt von Erzbischof Heribert von Köln, hielten den Tod geheim, bis sie alle deutschen Truppenkontingente zusammengezogen hatten; dann brach das Heer mit dem einbalsamierten Leichnam des Kaisers nach Norden auf und schlug sich unter Kämpfen durch bis ins Tal von Trient, um die Alpen zu überqueren.

Wie schon die Katastrophe Ottos II. beschäftigte auch das Unglück Ottos III. die Menschen. Alles, was geschah, insbesondere das Unerwartete, war für sie stets auch ein Zeichen Gottes. Das Schicksal des Herrschers war nach diesem Glauben ein besonderer Prüfstein; denn er stand unter dem besonderen Schutz Christi, solange er dem Herrn in der rechten Weise diente. In den vielen Stiftungen an Kirchen im ganzen Reich sprach jeder Herrscher aus, daß er fest nicht nur auf eine Vergeltung im Himmel hoffe, sondern auch auf Gnadenhilfe schon im Diesseits. Otto hatte die *Renovatio imperii Romanorum* mit dem Papst im Dienste Christi herbeiführen wollen – er starb auf einer Burg vor Rom, ohne Erfolg, ohne Erben, nachdem er seit einem Jahr von seinen Römern aus seiner Stadt ausgeschlossen war. Hatte er vor Gott falsch gehandelt? Darüber grübelten Männer, die ihn kannten, und manches, was von ihnen nachträglich als Kritik an den „Erneuerungsplänen" formuliert wurde, entsprang solchen Zweifeln.

Mit zweiundzwanzigeinhalb Jahren, noch jünger als sein Vater, schied Otto III. aus dem Leben. Noch einmal hatte er nach dem Gnesen-Zug den Erzbischof von Mailand als Brautwerber nach Byzanz geschickt, doch eine Ehe war nicht zustandegekommen – Otto starb kinderlos. „Mit ihm erlosch das ganze Geschlecht der Ottonen", schrieb einige Jahrzehnte später ein Mailänder Chronist; und da 1002 in Italien offensichtlich die meisten, in Deutschland viele dieser Auffassung waren, entstand eine politisch höchst instabile Situation. Vielleicht hatte der Leichenzug den Brenner noch nicht überquert, als italienische Große am 15. Februar 1002 den Markgrafen Arduin von Ivrea in Pavia zum König erhoben. Die Verbindung beider Reiche, durch die Ehe Ottos I. mit Adelheid begründet, schien mit dem Tod ihres Enkels wieder gelöst. Die Deutschen konnten zunächst nur für sich einen König erheben; ob er je Kaiser würde, stand in den Sternen.

Die Thronfolge Heinrichs II.

Das Königshaus, das Heinrich I. begründet hatte, war erloschen, als die Generationenfolge, in der das Königtum von Vater zu Sohn weitergegeben wurde, abbrach. Wieder mußte man einen König finden, dessen Vater kein König war. Ein Recht der Nebenlinien kannte man nicht. Es gab nur, ähnlich wie 918, ein Reich, das seinen Herrscher verloren hatte; aber es gab, viel ausgeprägter als damals, eine Gemeinschaft, die mit dem jeweiligen König für das Reich Verantwortung trug. In der Krise von 984, während der Regentschaft für Otto III. und dann unter der Herrschaft des Kaisers selbst hatte sie diese aktiv wahrgenommen. Gewiß spalteten die Großen sich vor wichtigen Entscheidungen in Parteien, und als es um die Nachfolge Ottos III. ging, geschah dies in sehr heftigen, Tod und Verwüstung bringenden Formen. Doch es war ein Bewußtsein gewachsen, daß man die für das Reich existentielle Entscheidung gemeinsam treffen müsse, ohne daß einzelne vorpreschten. Gerade die Vertrauten des verstorbenen Kaisers drängten auf eine Zusammenkunft zur gemeinsamen Wahl und verweigerten auch dort, wo sie massiv unter Druck gesetzt wurden, eine vorgezogene Festlegung. Auch in den „Herzogreichen", die gerade damals sehr klar als gesonderte politische Verbände hervortraten, strebte man eine gemeinsame Entscheidung auf Versammlungen an, deren Ergebnis niemand durch verbindliche Zusagen vorwegnehmen sollte.

Es gab aber auch Kandidaten für das Amt, solche, die sich heftig danach drängten, und solche, die eher von anderen gedrängt wurden. Derjenige, der endlich die Königswürde gewinnen wollte, die sein Vater und Großvater vergeblich angestrebt hatten, war Herzog Heinrich von Bayern. Er machte ein Erbrecht geltend. Da Herzog Otto „von Worms" verzichtete, der über seine Mutter Liudgard ein Enkel Ottos des Großen, also ein Vetter des verstorbenen Kaisers war, sah Heinrich den Weg frei: Wenn man nach dem Abreißen der Sukzessionskette den nächsten Verwandten Ottos III. suchte, dann stand er unter den Vettern zweiten Grades an vorderster Stelle. Vor allem in Sachsen, wo sich viele weiterhin einen König sächsischer Abstammung wünschten, fand das von Heinrich beanspruchte Verwandtenrecht Unterstützung und wurde nicht zuletzt auch von Ottos III. Schwestern Adelheid und Sophia vertreten. Aber mächtige Männer dachten anders: zuvorderst Markgraf Ekkehard von Meißen, ein enger Vertrauter Ottos III., der bei der gemeinsamen Entscheidung als Kandidat antreten wollte. Er wurde unterstützt von Herzog Bernhard von Sachsen, seinem Schwiegervater, von Bischof Bernward von Hildesheim, Bischof Arnulf von Halberstadt und von anderen angesehenen Leuten. Um eine Festlegung der Sachsen auf Heinrich und damit eine Vorentscheidung im Reich zu verhindern, sprengte Ekkehard mit Bernhard und Arnulf sogar die anberaumte Versammlung in Werla, indem er an der vorbereiteten Festtafel die Plätze der Kaiserschwestern okkupierte. Dann zog er ab und ließ sich in Hildesheim wie ein König empfangen. Doch auf dem Weg nach Lothringen, wo nach der Beisetzung Ottos III. über die Nachfolge beraten werden sollte, wurde er in Pöhlde ermordet.

Heinrich zeigte von Anfang an offen, daß er sich als durch Erbrecht vorherbestimmter Nachfolger Ottos III. ansah. Daß er als Herzog von Bayern den Leichenzug am Ausgang der Alpenstraßen, im Kloster Polling, erwartete und dann dem toten Kaiser auf dem Boden seines Herzogtums das Geleit gab, war eine Selbstverständlichkeit. Doch er ließ nicht nur die Eingeweide des Toten im Kloster St. Afra zu Augsburg beisetzen, machte für das Seelenheil seines Verwandten eine große Stiftung und trug beim Einzug in die Städte am Weg den Sarg demonstrativ auf seinen Schultern mit. Er zwang auch den Erzbischof Heribert von Köln, ihm die Reichsinsignien herauszugeben, und als sich herausstellte, daß dieser die heilige Lanze heimlich nach Köln vorausgeschickt hatte, nahm er ihn in Haft, bis er eidlich die Auslieferung versprach; bis zur Einlösung des Versprechens mußte sich Heriberts Bruder, Bischof von Würzburg, als Geisel zur Verfügung stellen. Doch den Herzog durch eine vorweggenommene Huldigung als künftigen König anzuerkennen, wie Heinrich dies damals auch von anderen Großen verlangte, weigerte sich Heribert standhaft: auf einer Zusammenkunft aller würde über die Thronfolge entschieden, und er werde sich der Mehrheitsmeinung anschließen.

Wohl über Eichstätt und Würzburg und dann vermutlich zu Schiff auf dem Main und Rhein wurde Ottos Leichnam nach Köln gebracht. Hier empfing man ihn am Palmsonntag und bahrte ihn bis Gründonnerstag im Dom und den angesehensten Klöstern vor den Mauern auf; am Karfreitag bewegte sich der Trauerzug nach Aachen, um den Kaiser symbolträchtig an Ostern in dem von Kaiser Karl gegründeten, zur ottonischen Krönungskirche gewordenen Münster beizusetzen. Die anwesenden Großen drängten Herzog Hermann II. von Schwaben zur Kandidatur und versprachen, ihm zum Königtum zu verhelfen. Doch eine Entscheidung fiel nicht; denn sie hätte angesichts der Haltung Heinrichs eine Spaltung des Reiches bedeutet. An Herzog Hermann lag es nun, zu verhindern, daß der Bayernherzog vollendete Tatsachen schuf.

Doch Heinrich tat genau dies. Gestützt auf seine Macht, konnte er agieren, weil ihm der Konflikt mit Heribert von Köln einen entscheidenden Verbündeten zuführte: Erzbischof Willigis von Mainz. Dessen Vorgänger und 983 er selbst hatten in Aachen die Ottonen zu Königen geweiht; doch Aachen lag im Metropolitansprengel von Köln, und es ließ sich in Anbetracht schon bestehender Konflikte absehen, daß das Mainzer Vorrecht in Aachen auf die Dauer nicht zu halten war. Willigis trat auf Heinrichs Seite und krönte ihn am 6. Juni 1002 im Mainzer Dom zum König. Vergeblich hatte Herzog Hermann mit seinen Truppen versucht, dem Bayernherzog den Übergang über den Rhein zu verwehren. Heinrich hatte die Königswürde erlangt, und niemand hätte es wohl wagen können, ihm das sakrale Amt noch zu bestreiten. Jetzt konnte es nur noch darum gehen, zu welchen Bedingungen er die allgemeine Anerkennung erlangte.

Heinrich hatte durchgesetzt, daß man ihm aufgrund der Verwandtschaft mit Otto III. die „erbliche Nachfolge" zuerkannte, d.h. daß man nach dem kinderlosen Tod des Kaisers aus dessen Seitenverwandtschaft den nächsten König nahm. Heinrich II. wurde dadurch ein Ottone. Zeitgenossen aus seiner Umgebung meinten freilich begründen zu müssen, weshalb 936 nicht schon sein Großvater Heinrich, sondern dessen Bruder Otto dem Stammvater Heinrich I. als König gefolgt war. Auch die nachdrücklichen Berufungen auf die königlichen Ahnen Heinrichs II. blieben in ihrem Bezug merkwürdig unbestimmt; der ehemalige Hofkapellan Adelbold, der als Bischof von Utrecht noch zu Heinrichs Lebzeiten eine Biographie des Kaisers begann, leitete dessen königliches Geblüt gar aus der Karolingerabkunft her, die ihm seine Mutter Gisela, eine burgundische Königstochter, vermittelt hatte. Alle wußten aber, daß hier ein Fürst sächsischer Herkunft und Nachkomme Heinrichs I. die Nachfolge seines Verwandten angetreten hatte.

Im Streit um die Thronfolge stand aber nicht das sächsische Königshaus gegen eine breitere Repräsentanz des Reiches. Zwar trat Otto „von Worms" auf Heinrichs Seite und wurde dafür mit der Wiederzuweisung des Herzogtums Kärnten belohnt, und auch Ottos III. Schwestern geistlichen Standes stützten die Kandidatur ihres Verwandten. Doch spielten sie dann unter dessen Herrschaft keinerlei bedeutendere Rolle; die Quedlinburger Annalen bezeugen sogar eine jahrelange Spannung zwischen der Äbtissin Adelheid und dem König. Mit dem lothringischen Pfalzgrafen Ezzo, der mit Ottos III. Schwester Mathilde verheiratet war, führte Heinrich II. gar jahrelange Fehden um Güterkomplexe, die Mathilde als eigenen Besitz, er selbst als Königsgut betrachtete.

Der Unterschied ist geradezu signifikant: Obwohl alle Quellen den Einfluß des Freundeskreises auf Otto III. hervorheben, hatte unter ihm das Königshaus mitregiert. Heinrich selbst war bis zuletzt bei fast allen wichtigen Entscheidungen des Kaisers zugegen gewesen, natürlich an ehrenvoller Stelle. Gleiches gilt für Herzog Otto „von Worms", dessen Sohn Papst geworden war. Zur Großmutter Adelheid hielt Otto Verbindung bis zu ihrem Tod (16.XII.999) und pflegte den Kontakt mit ihrem Neffen, König Rudolf III. von Hochburgund. Seine Tante Mathilde von Quedlinburg († 8.II.999) lenkte zusammen mit den Großen das Reich nördlich der Alpen, wenn er sich im Süden befand; in Ansehen stand bei ihm seine Schwester Adelheid, von Mathilde in Quedlinburg erzogen und zu ihrer Nachfolgerin bestimmt, während die guten Beziehungen zur Schwester Sophia von Gandersheim sich seit 997 wegen ihres Streits mit Bischof Bernward von Hildesheim abgekühlt hatten. Seine dritte Schwester Mathilde, schon während der Regentschaftszeit mit Ezzo verheiratet und für eine ihrer Herkunft angemessene Hofhaltung mit reichsten Gütern ausgestattet, ehrte Otto dadurch, daß er beim Besuch in Gnesen eine ihrer Töchter Boleslaw als künftige Gemahlin für dessen Sohn Mieszko versprach. Auch die Äbtissin Mathilde, Tochter Liudolfs, in deren kunstfreudigem Kloster Essen diese Schwester erzogen worden war, behandelte Otto als zu ehrende Verwandte. Bei allen großen Akten der Herrschaftsrepräsentation waren die engeren und weiteren Angehörigen des Königshauses sozusagen in variierender Besetzung versammelt.

Unter Heinrich II. trat die Königsfamilie als Gemeinschaft so nicht mehr in Erscheinung. Dieser Wechsel ist nicht nur ein Zeichen dafür, daß sich die *generatio* Heinrichs I. und Ottos I. in Heinrich II. nicht einfach fortsetzte. Er spiegelt vor allem Veränderungen der Reichsstruktur. Sie traten zutage, weil das konstitutive Zentrum des Königshauses, ein nachfolgeberechtigter Sohn, nicht mehr existierte. Gewiß spielten die Brüder von Heinrichs Gemahlin Kunigunde, moselländisch-lothringische Grafen, unter ihrem Schwager eine wichtige Rolle, sind sogar in Bayern und Niederlothringen zur Herzogswürde gelangt. Aber weder ihre Mitregierung noch ihre jahrelangen Aufstände erreichten die Wirkung, die von Eintracht oder Zwietracht im ottonischen Königshaus ausgegangen waren.

Selbst die Tatsache, daß der eigene Bruder Brun sich mit den sächsischen Gegnern und dem zum Erzfeind werdenden Boleslaw verband, blieb für den König ein Problem unter anderen, und weder Bruns spätere Berufung zum Kanzler und Beförderung zum Bischof von Augsburg noch dessen Rebellionen bis zur Vertreibung ins Exil wurden zu einschneidenden Ereignissen in der Geschichte Heinrichs II. Man könnte dies als Ausweis für die Stärke seiner Herrschaftsposition nehmen, doch bliebe man damit an der Oberfläche und würde die Stellung des Königtums im frühen 11. Jahrhundert kaum zutreffend charakterisieren.

Veränderte Strukturen im deutschen Königreich

In drei Bereichen zeigt sich der Wandel der Strukturen besonders deutlich: bei der Durchsetzung der Herrschaft nach der Erhebung zum König, in den Formen, in denen das Königtum bei der Herrschaftsausübung in Beziehung zum Königreich gesetzt wurde, und an dem die Königsherrschaft tragenden Personenkreis. Daneben lassen sich selbstverständlich viele Kontinuitäten feststellen, insbesondere in der Sakralisierung des Königtums, wo das, was sich seit Otto I. und vor allem unter Otto III. ausgebildet hatte, unter Heinrich II. eine weitere Steigerung erfuhr.

Nach der Krönung versuchte Heinrich zunächst, den Herzog von Schwaben durch Verwüstung seines Gebietes zur Unterwerfung zu bringen. Doch Hermann stellte sich nicht zur anberaumten Entscheidungsschlacht, in der er durch bewaffneten Kampf gegen den „Gesalbten des Herrn" sein Herzogtum aufs Spiel gesetzt hätte. Er bekämpfte vielmehr diejenigen aus seinem „Herzogreich", die sich auf Heinrichs Seite stellten. Als in Schwaben ein rascher Erfolg nicht zu erringen war, zog Heinrich eilig über Mainfranken und Thüringen nach Sachsen, um wenigstens dort die unentbehrliche Zustimmung zu seiner „Erbfolge", seiner entscheidenden Legitimation, einzuholen. Was die Sachsen im Frühjahr geschworen hatten, nämlich nur gemeinsam einen neuen König zu erheben, wurde nun inszeniert als gemeinsame Zustimmung zu Heinrichs Königtum. Man vollzog die Zeremonien aber nicht an einem der traditionellen Versammlungsplätze des Stammes, sondern in Merseburg, einem symbolischen Ort, weil Heinrich ihn vom Vater und Großvater und letztlich von König Heinrich I. geerbt hatte. Herzog Bernhard von Sachsen, der vorher die Spaltung mit herbeigeführt hatte, agierte, von den Großen der Sachsen ermächtigt, vom König anerkannt, ausdrücklich stellvertretend für alle: Er legte das Recht und die Bedürfnisse der Sachsen dar, bat den König um Gnadenerweise und Wahlzusagen. Der König bekundete, daß er alle auf das Beste ehren, lieben und zum Nutzen für das Reich schützen werde, und versicherte wunschgemäß, „unbeschadet der Ehre des Königtums", daß er nicht gegen Widerspruch und Widerstand der Sachsen in den Zeichen der königlichen Würde hierher gekommen sei, sondern mit ihrer Zustimmung und ihrem Beifall. Als dieser lautstark aufbrauste, übergab der Herzog wiederum stellvertretend für alle dem König die heilige Lanze als Zeichen dafür, daß ihm auch die Sachsen die Königsherrschaft freiwillig übertrugen. Dann leisteten alle die Huldigung durch Handgang, Treuegelöbnis und Eid.

In solchen Symbolhandlungen erweist sich, wie das personale, auf das Königshaus zentrierte Machtgefüge des Reiches immer mehr transpersonale Züge annahm. Von Sachsen zog Heinrich nach Westen; in Paderborn wurde dabei seine Gemahlin zur Königin geweiht. In Duisburg erwartete er die lothringischen Bischöfe zur Huldigung und zum Geleit nach Aachen. Dort gaben, ähnlich wie in Merseburg die Sachsen, die Lothringer in einem wahlartigen Akt die Zustimmung zur Königserhebung. Dann setzte man Heinrich feierlich auf den Aachener Königsthron. Die Inthronisation in Aachen bildete den letzten abschließenden Akt bei der Übernahme der Königsherrschaft. Wenig später wird dieser als „Erzstuhl des ganzen Reiches" bezeichnet – nicht mehr nur das Königtum hatte seine Insignien, sondern nun auch das Reich.

Wie sich Hermann von Schwaben (†1003) danach dem König demütig unterwarf, wieder in sein Herzogsamt eingesetzt wurde, an Weihnachten in einem Hofamt diente und durch Besitzabtretungen den der Straßburger Kirche zugefügten Schaden sühnte, sei nur als Abschluß der Herrschaftsdurchsetzung erwähnt. Wichtiger ist, was sich an den Vorgängen über das Verhältnis des Königtums zum Reich und die Ordnung des Reiches selbst ablesen läßt. Wie man die Großen als eine Gesamtheit zu verstehen begann, die bei der Wahl eines neuen Königs gemeinsam entscheiden sollte, so sahen sich nun auch die in den einzelnen Herzogreichen lebenden Stämme als Gemeinschaften, die bei einer solchen Entscheidung einheitlich handeln sollten. Sie formulierten eigene Ansprüche an den künftigen König hinsichtlich der Wahrung ihrer Ordnung und Rechte. Es paßt dazu, daß genau in jener Zeit Thietmar von Merseburg († 1018) die Stämme mit spezifischen Charaktereigenschaften beschreibt: die listigen Schwaben, deren Streiche ihm imponieren; die raffgierigen Bayern, die zu Hause wie arme Schlucker leben; die aufmüpfigen, wankelmütigen Lothringer, die nicht nur dauernd Rebellionen anzetteln, sondern gar die treuen Sachsen als feige schelten, weil sie sich von ihren Herren alles gefallen ließen; die tapferen, beständigen Sachsen, seine eigenen Landsleute, auf die ein König zählen kann, wenn er gegen auswärtige Völker zieht. Zu diesen ethnisch-regionalen Verbänden mit ihrem wachsenden Gruppenbewußtsein muß der Herrscher durch sein Amt in Beziehung treten – auch seine Verwandten gehören einem dieser Verbände an. Königshaus und Königreich sind nicht mehr in den Formen aufeinander bezogen, die sich unter Heinrich I. und seinen Nachfolgern herausgebildet hatten, als eine vom Königshaus her geformte Herzogsgruppe zusammen mit dem König die wichtigsten Positionen in Händen hielt und das Reich lenkte.

Daß Heinrich das Königtum aus der Stellung eines Herzogs von Bayern gewann, daß er sukzessive die verbindliche Zustimmung der Stammesverbände einholen mußte, führte zu einer Form des Herrschaftsantritts, die den neuen Realitäten gut entsprach: dem „Umritt". Nach der Erhebung besuchte der König alle politisch relevanten Gebiete des Reiches, um an

wichtigen Plätzen die Huldigungen der Großen entgegenzunehmen. Im *Regnum Teutonicum* wurde das zur festen Tradition. Heinrich II. führte auch insofern einen neuen Herrschaftsstil ein, als er periodisch alle Teile seines Reiches besuchte,
während seine Vorgänger normalerweise in Sachsen, Franken
oder Niederlothringen Hof gehalten hatten; nach Schwaben
und Bayern waren sie dagegen gewöhnlich nur im Zusammenhang kriegerischer Unternehmungen, vor allem auf den
Italienzügen gekommen. Heinrich II. brach mit solchen Be-
schränkungen: Er suchte alle Herzogtümer regelmäßig auf.
Gleichzeitig sind unter ihm erstmals „Provinzialhoftage" zu
belegen. Während unter Otto I. beispielsweise der Herzog von
Schwaben und die schwäbischen Kirchen ihre Privilegien
meist in den sächsischen oder fränkischen Pfalzen des Königs
erbeten hatten, wurden diese nun häufig ausgestellt, wenn der
König in das jeweilige Gebiet kam und dort mit den einheimischen Großen zusammentraf.

Eine entsprechende Tendenz läßt sich am Herrschaftsperso-
nal Heinrichs II. ablesen. Daß in der Reichspolitik bayerische
Familien mehr hervortreten, überrascht nicht. Aber der König
scheint überhaupt Mitglieder vieler, bisher weniger bekannter
Adelsfamilien als Helfer herangezogen zu haben. In seiner
Hofkapelle versammelte er Adelssöhne aus allen Teilen des
Reiches, die in verschiedenen Domkapiteln die geistliche Laufbahn begonnen hatten, und häufiger und konsequenter als
seine Vorgänger besetzte er mit diesen Kapellänen frei werdende Bistümer, wiederum in allen Teilen des Reiches. Die
starken, fast gleichgewichtigen Partner oder Widersacher aus
dem Königshaus dagegen, von denen die Geschichte der drei
Ottones mitbestimmt war, fehlten. Die Herzöge als ranghöch-
ste Männer fielen fast aus: Mit Bernhard I. und Bernhard II.
von Sachsen stand Heinrich während seiner ganzen Regierungszeit in latentem oder offenem Konflikt; in Schwaben
trug nach dem Tod Hermanns II. (†1003) nur 1012–1015 ein
volljähriger Herzog den Titel. Bayern verwaltete der König
zeitweise selbst. Die Herzöge, die er in Bayern, Nieder- und
Oberlothringen und in Schwaben neu einsetzte, verdankten

die Position nicht dem Rang und dem Erbe ihrer Familie, sondern der Gunst des Königs und ragten deshalb weniger aus einer breiteren Zahl mächtiger Adelssippen heraus. So schien der Herrscher höher als seine Vorgänger über der Führungsgruppe im Reich zu stehen und diese näher an die übrigen mächtigeren Grafenfamilien heranzurücken. Das Verhältnis von König und Reich wies andere Muster auf als zuvor.

Dies zeigt sich nicht zuletzt im Umgang des Königs mit Großen, die sich ihm widersetzten. Die Formen, in denen die politischen Konflikte im 10. Jahrhundert häufig beigelegt wurden, richteten sich auf Beziehungen zwischen Personen; sie zielten auf Status und Rangverhältnis. Zwar verlangte ein Aufstand gegen den König formal eine bedingungslose Unterwerfung, wenn der Rebell auf Wiedererlangung der Huld hoffte; aber die Bedingungen von Unterwerfung, Bestrafung und Begnadigung wurden von Vermittlern zuvor geklärt und danach garantiert, um eine neue Basis für einen hinfort friedlichen Umgang zwischen bisherigen Gegnern herzustellen. Heinrich hat diese Regeln oft nicht akzeptiert. In der Rebellion sah er einerseits eine Auflehnung gegen die gottgesetzte Ordnung und die geweihte Person des Herrschers, andererseits eine Mißachtung des Rechts und eine Störung der Ordnung des Reiches: Für beides forderte er eine Strafe, die ihren Ausdruck nicht primär in der Gestaltung des persönlichen Verhältnisses fand. Der Wandel läßt sich nicht in das Schema eines scharfen Gegensatzes zu den Vorgängern bringen. Doch Zeitgenossen registrierten eine Veränderung; in krassen Fällen redete man, wenn auch nicht öffentlich, darüber, „daß der Gesalbte des Herrn Sünde tue".

Vor diesem Hintergrund wird vielleicht besser verständlich, was schon damals Beobachter nicht recht erklären konnten – Heinrichs Verhalten gegenüber Boleslaw Chrobry von Polen. Die Beziehung war während seiner Regierungszeit fast immer durch Feindschaft bestimmt; der König unternahm mehrere große, aber wenig erfolgreiche Feldzüge in das Land des Herzogs. Schon 1003 schloß er ein längerfristiges Bündnis mit den heidnischen Lutizen gegen den christlichen Polenfürsten, was damals fast allen anstößig erschien. Dabei war Boleslaw 1002 in Merseburg bereit, Heinrich voll zu unterstützen; aber nach der statuserhöhenden Ehrung durch Otto III. wollte er wie ein Fürst des Reiches behandelt sein. Für seinen Dienst verlangte er ein entsprechendes Lehen, zum Beispiel die durch die Ermordung Ekkehards frei gewordene Markgrafschaft Meißen. Bei vornehmsten sächsischen Familien – den Billungern um Herzog Bernhard und den Ekkehardinern – stand er in Ansehen, war sogar mit ihnen verschwägert. Wie sich über alle Episoden des Konflikts verfolgen läßt, ging es Boleslaw darum, von seiten Heinrichs so behandelt zu werden, wie es den durch Otto III. geschaffenen Beziehungen entsprach: nicht als tributärer Vasall und Anführer eines Slawenvolkes wie der Böhmenherzog, sondern als fürstlicher Lehnsträger im Reich des Kaisers und zugleich als Herr eines eigenen Großreichs jenseits der Grenzen des Imperiums. Der Grad an Unterordnung, der von ihm gefordert, und das Maß an Ehre, das ihm zugestanden wurde, bildeten die Kriterien für seine Reaktion. Heinrich dagegen scheint die Beziehung vor allem als ein Verhältnis des Imperiums zu Polen und zu einem auswärtigen Fürsten betrachtet zu haben, das eher rechtlicher Definition bedurfte. Nur einmal schien ein Friede den Streit zu beenden, als Boleslaw, durch Geiselstellung von seiten des Königs gesichert, zu Pfingsten 1013 in Merseburg erschien, die Vasallenhuldigung für seine Lehen ohne weitergehenden Unterwerfungsakt leistete und zum Zeichen der Ehrung und des Dienstes bei der Festkrönung dem König das Schwert vorantrug. Hier erhielt Boleslaws Sohn Mieszko Ottos III. Nichte Richeza zur Frau; und es wurde vereinbart, daß Heinrich den Herzog mit 500 Rittern bei der Eroberung Kiews, Boleslaw ihn mit ebensovielen beim Romzug unterstützen würde. An der Einhaltung der Zusagen hat sich der Konflikt alsbald neu entzündet und sich erst nach 1018 beruhigt.

Im Zentrum der Königsherrschaft stand jedoch für die damalige Zeit nicht das Verhältnis des Herrschers zu den Großen, sondern seine Beziehung zu Christus, sein Verhalten vor Gott. Keiner aus der Reihe der hochmittelalterlichen Könige und Kaiser hat dies vielleicht mehr empfunden und eindringlicher gezeigt als Heinrich II. Das großartigste Monument seiner Herrscherfrömmigkeit brachte zugleich seine Position in der Königsfamilie zum Ausdruck. Heinrich und Kunigunde hatten keine Kinder. Wahrscheinlich wußte man dies schon, als sie den Thron bestiegen; es könnte eines der damals gegen Heinrichs „Eignung" vorgebrachten Argumente gewesen sein. Das später heiliggesprochene Herrscherpaar hat deshalb bald verkündet, daß es, da es keine leiblichen Erben habe, Christus zum Erben machen wolle. Das sollte vor allem durch die Gründung eines neuen Bistums in Bamberg geschehen.

Von Anfang an arbeitete Heinrich darauf hin und entrang schließlich auch dem hartnäckig Widerstand leistenden Bischof von Würzburg die Zustimmung. Ende 1007 beschlossen Synoden die Einrichtung des Bistums, der Papst bestätigte sie. Schon am 6. Mai 1012, am 39. Geburtstag des Kaisers, wurde der Dom, eine doppelchörige Anlage, geweiht. 45 Bischöfe nahmen zusammen mit vielen anderen Großen, Äbten und Äbtissinnen, auch Ottos III. Schwestern, teil; neben dem Ortsbischof weihten sieben Erzbischöfe die acht Altäre. Das Hochstift wurde reich mit Gütern und Klöstern dotiert, die über den ganzen süddeutschen, vor allem bayerischen Raum gestreut waren. Neben dem Dom entstand eine große Pfalzanlage; die Bischofsstadt wurde durch das Michaelskloster, das Stift St. Stephan und andere Kirchen unter den Schutz weiterer Fürsprecher bei Christus gestellt. Bamberg wurde zum sakralen Ort mit den wesentlichen Merkmalen der „ottonischen Stadt": mit mehreren außerhalb der Mauern liegenden, auf das kirchlich-politische Zentrum orientierten und doch rechtlich von ihm geschiedenen Klöstern sowie einer vom Stadtherrn geschützten und kontrollierten Marktsiedlung. Der Bischofssitz erhielt alles, was für die repräsentativ gestalteten Aufenthalte des Herrschers erforderlich war. Aber seine Bestimmung ging über eine solche irdische Zwecksetzung hinaus: Hier schuf das Königspaar sich seine Grablege, im Mittelschiff des Domes wurde es bestattet; hier sollte das, was Heinrich Gott dargebracht hatte, durch fortwährendes Gebet und Gotteslob ihm und seiner Gemahlin zum ewigen Leben verhelfen. Die Gründung des Bistums, die Ausstattung der Kathedrale sowie der Ausbau der Stadt gehörten für den Herrscher zu den wichtigsten Aufgaben seines Regierens als der irdische Stellvertreter des ewig herrschenden Gottessohnes.

Italien im römisch-deutschen Imperium

Wenn er sich in die Reihe der Ottonen stellen wollte, bestand Heinrichs Erbe aber nicht nur aus dem Reich nördlich der Alpen. Hier hatte er sich durchgesetzt und tat diesen Erfolg Anfang 1003, nach der Unterwerfung Hermanns von Schwaben, als *Renovatio regni Francorum* mit einer Bulle kund, die er ungewöhnlicherweise, wenn auch nur vorübergehend, schon als König benutzte. Doch bereits vier Monate vor Heinrichs Königsweihe besaß Italien seinen eigenen König – die beiden Königreiche waren getrennt. In der Tat: Wenn die Ottonen sich zur Legitimation ihrer Herrschaft südlich der Alpen auf Adelheid berufen hatten, wenn das Kaisertum 962 Otto und Adelheid sowie ihren Nachkommen übertragen worden war, dann konnte Heinrich auf beides keinen gut begründeten Anspruch vorweisen. Zum Haus der ottonischen Kaiser gehörte er nicht.

Auch im politischen Bewußtsein der Führungsschichten hatten sich Veränderungen vollzogen. Otto III. hatte die Verbindung beider Königreiche organisatorisch noch enger gestaltet, aber vielleicht war dies ein Grund dafür, daß nun die Großen südlich wie nördlich der Alpen sich und die anderen deutlicher als jeweils eigene, dem einen oder dem anderen *Regnum* zugehörige Gruppen wahrnahmen. Im Königreich Italien läßt sich ein solches Wir-Gefühl schon durch das ganze 10. Jahrhundert hindurch verfolgen. Das Reich Heinrichs I. und Ottos des Großen hingegen vereinte nach damaliger Auffassung eine Mehrzahl von Völkern. So mochte es für das sächsische Königshaus keinen grundsätzlichen Unterschied ausmachen, ob zu den Schwaben und Bayern die „Italiener" hinzukamen;

der Gewinn Italiens konnte als eine Steigerung erscheinen, nachdem schon Heinrich I. mit Lothringen ein selbständiges Königreich hinzuerworben hatte. Selbst innerhalb des ostfränkischen Reiches sah man die Gebiete der Bayern und Schwaben als *regna*, als gesonderte „Reiche", an; die Ottonen gestalteten ihre Herrschaftsausübung hier anders als in ihrer *Francia et Saxonia*. Doch in den Quellen zu den letzten Regierungsjahren Ottos III. werden an signifikanten Stellen erstmals „Deutsche" den „Italienern" gegenübergestellt. Unter Heinrich II. nimmt dies zu; erstmals ist mit Bezug auf sein Herrschaftsgebiet nördlich der Alpen vom „deutschen" Königreich die Rede. Es existieren zwei Königreiche mit einer jeweils eigenen Trägergemeinschaft. Was sich im Bewußtsein entwickelte, spiegelt Veränderungen in der Realität. 984, beim Usurpationsversuch Heinrichs „des Zänkers", waren es Große aus dem Imperium, nicht allein aus Deutschland gewesen, die im Zusammenspiel mit den Kaiserinnen sowie mit der sich um die Ottonen gruppierenden Familie der nachkarolingischen Könige dem Sproß des Kaiserhauses die Herrschaft erhielten. 1002 wollten viele als Herrschaftsverband für ihr Königreich über die Nachfolge des Kaisers entscheiden, was bedeutet hätte, Wahl und Weihe als Gemeinschaftshandlung des *Regnum Teutonicum* zu inszenieren.

Sollte dieses deutsche Königreich weiterhin mit dem italienischen in Personalunion regiert werden? Heinrich signalisierte von Anfang an, daß er Nachfolger im Kaisertum sein wollte, nicht nur König im Reich nördlich der Alpen wie einst sein Urgroßvater: in Formen der Herrschaftsrepräsentation, in Ornat und Insignien, im Vokabular seiner Urkunden, in seinem Siegel, für das er sofort den neuen Typus des kaiserlichen Thronsiegels übernahm. Der imperiale Anspruch schloß zweifellos das *Regnum Italicum* ein. Heinrich konnte bei einem Versuch der Herrschaftsübernahme auf Unterstützung hoffen. Denn Arduin von Ivrea, der neue König, hatte sich unter Otto III. gewaltsam den vereinten Bemühungen von Kaiser, Papst und Bischöfen widersetzt, den Leitern der Kirchen und Klöster volle Verfügungsgewalt über das Kirchengut zurückzugeben und die Rechte der Vasallen zu beschneiden; mit seinem Anhang hatte er sogar einen Bischof ermordet. Kaum war Heinrich nördlich der Alpen als König anerkannt, schickte er deshalb den Herzog Otto von Kärnten mit weiteren Grafen und einer ausgewählten Mannschaft über die Alpen. Doch Arduin konnte verhindern, daß die entschiedensten Parteigänger seines Konkurrenten, der Markgraf von Canossa und der Erzbischof von Ravenna, ein Sachse, mit ihren Kriegern zum deutschen Heer stießen; er sperrte die Klausen bei Verona und schlug Herzog Ottos Truppen an den Brenta-Klausen. Erst als Heinrich im April 1004 selbst nach Italien kam, nun im Vollbesitz seines Machtpotentials, bekannten sich große Teile des norditalienischen Episkopats und einige mächtige Adelsfamilien offen zu ihm. Mitte Mai wurde er vom Erzbischof von Mailand in Pavia zum König geweiht. Anders als die Ottonen empfing er also zwei Kronen, für jedes Königreich eine, und auch dies zeigt, daß er hier die Herrschaft nicht einfach als Erbe des Vorgängers übernahm.

Noch am Abend des Krönungstages brach ein bezeichnender Streit aus. Zwischen Deutschen und Italienern kam es zu einer Schlägerei. Sie eskalierte zu einem Aufstand, an dem sich auf seiten der Einheimischen auch Leute aus dem Vasallenadel und bessere Bürger beteiligten. Der König war in seinem Palast von einer Übermacht bedroht; um den Angreifern den Schutz der Dunkelheit zu nehmen und um die vor den Mauern lagernden Truppen zu alarmieren, setzten seine Begleiter die umliegenden Häuser in Brand. Die eindringenden Deutschen und die Italiener in der Stadt lieferten sich ein furchtbares Gemetzel, auch ein Bruder der Königin Kunigunde fiel. Die Deutschen legten die Stadt in Schutt und Asche, bis der König, der den Brandgestank nicht mehr aushielt, dem Blutvergießen Einhalt gebot und die Stadt verließ.

Heinrich war König Italiens – doch Anfang Juni hatte er das Land schon wieder verlassen. Der andere König, Arduin, war nicht vertrieben, und von Heinrichs Königtum war in Italien während der nächsten Jahre wenig zu spüren. Nach Rom zu ziehen, versuchte er gar nicht erst; dort herrschten der Sohn des unter Otto III. enthaupteten Crescentius und von ihm eingesetzte Päpste. Auf Zusammenarbeit mit diesen war der König für die Gründung des Bistums Bamberg und die Wiedereinrichtung des Bistums Merseburg angewiesen. Erst als 1012 in Rom die unter Otto III. begünstigte Familie der Tusculaner an die Macht kam und Heinrichs Hilfe suchte, um einen der Ihren als Benedikt VIII. auf dem Papstthron zu halten, unternahm Heinrich seinen Romzug. Am 14. Februar 1014 wurde er unter neuen, mit religiöser Symbolik befrachteten Formen zum Kaiser gekrönt. Eine Synode von Kaiser und Papst, der 1020 in Bamberg und 1022 in Pavia weitere folgten, traf Bestimmungen gegen die Simonie, forderte Keuschheit des Klerus sowie die Rückgabe entfremdeten Kirchenguts. Doch auch jetzt blieb der Herrscher insgesamt nur für acht Monate südlich der Alpen, und bei seinem dritten Italienzug 1021/1022, der in die byzantinischen und langobardischen Gebiete am Südrand des Imperiums führte, waren es nur wenige Wochen mehr. Otto I., Otto II. und Otto III. waren jahrelang in Italien gewesen – der Herrschaftsstil hatte sich auch südlich der Alpen geändert. In Rom etablierte sich, ungestört von kaiserlichen Eingriffen, recht stabil bis 1045 das „Tuskulanerpapsttum".

Der letzte Herrscher „aus dem sächsischen Hause" konnte Kaisertum und Machtpositionen keinem Sohn vererben. Aber er scheint bemüht gewesen zu sein, dem Imperium eine Gestalt zu geben, in der es an einen Nachfolger übergehen konnte als ein gefestigtes Ganzes, das durch sein Ableben nicht mehr auseinanderfiel. Die Objektivierung des Reiches zu einer transpersonalen Einheit, die auch beim Aussterben des Königshauses, beim Erlöschen der Dynastie, in ihrem vollen Bestand an den rechtmäßig erhobenen Nachfolger überging, fand einen entscheidenden Rückhalt in der Sakralisierung des König- und Kaisertums. Heinrich II. hat hier die ottonischen Formen noch deutlich gesteigert. Die Inszenierung des Gottesgnadentums und der Christusstellvertreterschaft, die Herrschaftsrepräsentation im Rahmen kirchlicher Feiern, Festkrönungen in den Weihnachts-, Oster- und Pfingstgottesdiensten,

Teilnahme des Herrschers an Kirchweihen, die von vielen Bischöfen, oft in der Zwölfzahl der Apostel, vollzogen wurden, die Ausgestaltung der Bischofsweihen unter dem Einfluß des Königtums – all dies erreichte unter dem letzten der „Ottonen" ebenso einen Höhepunkt wie die herrscherlichen Frömmigkeitsakte und Bußübungen, der Besuch von Heiligtümern oder von Stätten der Weltentsagung, hier der Klöster Montecassino und Cluny. Doch obwohl die Mahnung, als irdischer Richter Gnade und Verzeihen zu üben, an Heinrich noch nachdrücklicher gerichtet wurde als an Otto III., war er seltener dazu bereit als seine Vorgänger. Das Verhalten des Herrschers scheint mit Veränderungen in der Auffassung vom Reich, von der Stellung des Königs in der politischen Ordnung zu korrespondieren.

Nachdem der Kaiser am 13. Juli 1024 gestorben war, kam es tatsächlich zu der 1002 verhinderten Wahlversammlung, um über seine Nachfolge zu entscheiden; die Italiener erhoben, wenngleich es Bestrebungen in diese Richtung gab, keinen eigenen König. Konrad II. nahm 1025 in Konstanz die Huldigung der italienischen Großen entgegen und wurde Anfang 1026 in Mailand zum König Italiens gekrönt. Am 26. März empfing er in Rom die Kaiserkrone. Heinrich hatte eine erhebliche Erweiterung des Imperiums vorbereitet. Da auch der Bruder seiner Mutter, König Rudolf III. von Burgund, kinderlos geblieben war, vereinbarten beide schon 1006 und bekräftigten 1016/1018 durch Verträge, daß Heinrich das Königreich nach Rudolfs Tod erben solle. Zwar starb er vor Rudolf, doch Konrad II. konnte aufgrund dieser Absprache 1033 den Erwerb des burgundischen Reiches realisieren. Das „römische Imperium" bestand nun aus drei Königreichen, dem deutschen, dem italienischen und dem burgundischen. Alle drei zusammen lagen hinfort in der Hand des in Aachen geweihten, zum römischen Kaiser bestimmten Königs.

V. Grundlagen und Wirkungen der Herrschaft

Die Durchsetzung der Königsgewalt

Der zentrale Begriff für die politische Ordnung lautete im 10. Jahrhundert *regnum*, und er umfaßte alles, was wir mit Königtum, Königsherrschaft und Königreich umschreiben: das erhabene Amt, die legitime Gewaltausübung und den Raum, auf den sie sich bezieht. Ebenso bezeichnete *imperium* nicht nur das kaiserliche Hoheitsgebiet in seinen geographischen Grenzen, sondern zugleich die kaiserliche, manchmal auch nur eine kaisergleiche Herrschaft und die mit der Krönung in Rom gewonnene, alles überragende Würde. Ein *regnum*, ein *imperium* in diesem Sinne – Würde, Gewalt und Reich – wurde von Gott verliehen oder auch genommen, wie man in der biblischen Geschichte Israels und am Gang der Welt ablesen konnte, und Gott war es, der nach den festen Überzeugungen jener Zeit einem Herrscher in jeder konkreten Situation Erfolg, Sieg, Frieden, Gesundheit und Nachkommen gab oder versagte. Keine Aufgabe war deshalb für einen König wichtiger, als sein Verhältnis zu Gott so zu gestalten, daß er Gottes Gnade erlangen konnte, um in dieser Welt das ihm anvertraute Volk auf dem rechten Weg zu lenken und dafür auch im Jenseits mit dem wiederkehrenden Christus herrschen zu dürfen. Dabei sollten ihn alle unterstützen, die selbst mit ihm andere regierten; die Bischöfe partizipierten in ihrer Verantwortung für das christliche Volk geradezu am Königsamt.

Nur von diesen Grundüberzeugungen her kann man wirklich Zugang gewinnen zu den Lebensordnungen der Zeit und zu den Erscheinungsformen ihrer Kultur. Denn sie haben sich niedergeschlagen in Schrift und Bild, in kostbaren Kunstwerken, in einer Vielzahl reich ausgestatteter Kirchen, in szenischen und musikalischen Erweiterungen der Liturgie, in einem fast manisch erscheinenden Reliquienerwerb mit allem, was zur Verehrung der Heiligen dann über Jahrhunderte geschaffen wurde. Für die Zeit der Ottonen und für das Königshaus selbst ist diese religiöse Orientierung der Herrschaftsverwirklichung besonders signifikant; sie ist der Schlüssel für Gestaltungen, die in der Wissenschaft fest mit dem Attribut „ottonisch" verbunden werden, wie etwa „ottonische Kunst" oder „ottonische Stadt".

Doch die angestrebte Regierung des Königs unter Christus und für Christus mußte verwirklicht werden: in der Beziehung zu den Großen, in der Ordnung des weiten Reiches mit seinen häufigen – am Einzelpunkt beginnenden, sich durch bestehende Gruppenbindungen rasch ausweitenden – Konflikten, in der Organisation des königlichen Umzugs durch das Land, der Zusammenkünfte von sehr vielen Menschen im repräsentativen Rahmen oder der Kriegszüge mit Tausenden von aus großen Räumen zusammengezogenen Schwerbewaffneten. Gerade weil feste, dauerhafte Herrschaftssitze fehlten, weil es ausgebildete Institutionen oder gar eine funktional gegliederte Verwaltung allenfalls in ganz rudimentären Ansätzen gab, waren die Anforderungen an die „Logistik" sehr hoch. Doch wir wissen fast nichts darüber – denn man bewältigte diese weitgehend ohne Schrift.

Für den Historiker, der vergangene Realitäten beschreiben will, entstehen daraus kaum zu überwindende Schwierigkeiten. Zwar gibt es für viele Bereiche isolierte Einzelnachrichten, zufällig überliefert; doch meist fehlen Informationen zu ihrer Einordnung. Darf man das Bezeugte als Regelfall ansehen oder spiegelt es eine Ausnahmesituation? Und doch läßt sich nur mit solchen Zufallsnachrichten illustrieren, was man wissen möchte: Wie hat die Herrschaft der Ottonen konkret funktioniert, auf welchen Ressourcen basierte sie? Und wie hat sie in das Leben der Menschen eingegriffen? Die Schwierigkeiten bei der Erkenntnissuche seien zunächst an einem zentralen Beispiel verdeutlicht.

Krieg gehörte fast zum Alltag jener Zeit. Die Könige führten Kriege im Innern des Reiches wie nach außen; die Italienzüge hatten stets den Charakter militärischer Unternehmungen. Ein erfolgreicher Feldherr zu sein, war eine der höchsten Stufen des Herrscherlobs, aus alter Tradition, aber auch weil sich in jedem Sieg das Gottesgnadentum des Königs zeigte – „damit Du siehst, wie lieb Dich Gott hat", schrieb Liudprand von Cremona um 960 an Otto I., als er für ihn ein „Schlachtwunder" in seinem Kampf gegen die Aufständischen im Jahr 939 deutete. Vor der Schlacht auf dem Lechfeld 955 rief man Gott weinend in allen Formen der Gebetsbitte an, Otto selbst gelobte die Gründung eines dem Tagesheiligen Laurentius geweihten Bistums in Merseburg, wenn ihm der Sieg über die Ungarn zuteil würde; nach dem Erfolg ordnete er in allen Kirchen Dankgottesdienste an. Militärische Macht war ein Hauptkriterium, wenn man den Rang von Herrschern verglich, wie um 955 in den Verhandlungen von Ottos Gesandten mit dem Kalifen in Cordoba, oder wenn Fürsten selbst ihren Rang demonstrieren wollten, wie Boleslaw Chrobry beim Besuch Ottos III. in Gnesen.

Trotz dieser zentralen Bedeutung des Krieges bieten die Quellen kaum Informationen über seine organisatorische Seite. Acht „Legionen" – drei bayerische, eine fränkische, die königliche, zwei schwäbische, eine böhmische – führte Otto 955 in die Schlacht am Lech, nach Stämmen rekrutierte Truppenkontingente. Da er auf einen Zangenangriff des ungarischen Reiterheers reagieren mußte, erwähnt Widukind in seiner ausführlichen Schilderung auch, wie die Legionen im Kampf umgruppiert wurden. Doch ist dies fast die einzige Nachricht aus dem 10. Jahrhundert, die solche Details über Zusammensetzung und Aufstellung eines vom König geführten Heeres preisgibt. Und ebenso nennt nur eine einzige Quelle Zahlen: ein Aufgebot von 981 für den Süditalienzug Ottos II. Auf der Umschlagseite einer Handschrift mit Werken des Kirchenvaters Augustinus wurde notiert: „Bischof Erkanbald (von Straßburg) soll 100 Panzerreiter schicken; der Abt von Murbach 20 selber herführen; Bischof Balzo (von Speyer) 20 schicken; Bischof Hildebald (von Worms) 40 führen" und so fort. Etwa 2100 Gepanzerte werden angefordert, aus Elsaß und Franken, aus Lothringen, aus Bayern und Schwaben; das Gros war von den Bistümern und Abteien zu stellen. Kontingente aus Sachsen fehlen hier ganz, obwohl namhafte sächsische Adlige dann bei Cotrone fielen; Bischof Dietrich von Metz und Herzog Otto von Schwaben und Bayern sind nicht aufgeführt, denn sie befanden sich schon mit dem Kaiser in Italien. Augenscheinlich notierte man die Anforderungen, weil sie nicht, wie sonst üblich, auf einem Hoftag vom Kaiser mit den Großen verhandelt und beschlossen wurden. Doch handelt es sich um einen Entwurf, hielt man eine verbindliche Anweisung fest, wurde ihr in der notierten Höhe entsprochen? All das ist ebensowenig bekannt wie der genaue Zeitpunkt, zu dem das Aufgebot erging. Welchen Anteil des nach Kalabrien geführten Heeres wir mit dieser Quelle erfassen, läßt sich nicht bestimmen – außer zusätzlichen Kontingenten von nördlich der Alpen haben viele Adlige aus Nord- und Mittelitalien sowie aus den Fürstentümern Capua, Benevent und Salerno mit ihren Vasallen an dem Zug teilgenommen.

Kriegsgeschehen wird von Chronisten mit Vorliebe aufgezeichnet. Wenn dennoch schon in diesem Zusammenhang so wenig von den praktischen Seiten der Durchführung zu erfahren ist, so kann dies die riesigen blinden Flecken in unserem Bild vom Leben im ottonischen Reich deutlich machen, vom Lebensalltag ganz zu schweigen. Welchen Weg ein solches Heer nahm, ist meist nur grob zu ermitteln. Wie viele Tausende dabei versorgt wurden, wie sie die Alpen überwanden, selbst im Winter, wer in Quartieren, Zelten, Laubhütten oder einfach im Freien schlief – all dies läßt sich nicht einmal erraten. Man weiß, daß Panzerreiter selbst im Kampf noch auf helfende Knechte angewiesen waren. Wie groß war der Troß für 2000 oder 4000 Vasallenkrieger, wie viele Pferde wurden mitgeführt, wie viele Tragtiere, wie viele Huf- und Waffenschmiede, Sattler, Zimmerleute oder Heilkundige, wie viele persönliche Helfer brauchte man zur Begleitung? Und wie traf ein solcher Zug die Bevölkerung, deren Land er durchquerte? Man weiß nur allgemein, daß an den Lagerplätzen Lebensmittel und Futter zur Verfügung gestellt und auf einem Markt die nötigen Utensilien angeboten werden mußten. Erst im „Zielgebiet" hört man von Aktionen: selten von Schlachten wie gegen Ungarn, Slawen und Sarazenen oder auch in den Aufständen zur Zeit Ottos I., häufiger schon von Belagerungen. Meist sollten Gegner zur Unterwerfung oder zum Nachgeben gezwungen werden, indem man ihnen durch Verwüstung ihres Landes, durch Vertreibung oder Raub ihrer Bauern Schaden zufügte und ihnen selbst sowie der Öffentlichkeit ihre Unterlegenheit vor Augen führte.

Für die kontinuierliche Herrschaftsausübung stellten sich ganz ähnliche Probleme wie für die Sondersituation des Kriegszugs. Ein Stück weit war jedes Auftreten des Königs zugleich eine militärische Machtdemonstration; das Gefolge dürfte auch im Frieden oft Heeresstärke erreicht haben. Dafür in jedem Fall neu zu planen und dann alles möglichst ohne Zwischenfälle abzuwickeln, war eine Daueraufgabe. Denn im ottonischen Reich gab es keine Hauptstadt, nicht einmal längerfristige politische Zentralorte für große Regionen; nördlich der Alpen erfüllte nur Regensburg für das Herzogtum Bayern eine derartige Funktion. Der König regierte gewissermaßen auf einem ständigen Umzug durch Teile seines Herrschaftsgebiets. Nur selten blieb er für mehrere Monate an einem Ort. Es gab bevorzugte Plätze, an denen er, sofern er nicht in Italien weilte, praktisch jährlich erschien und die er vor anderen zur Herrschaftsrepräsentation nutzte. Für die Darstellung des Königtums besaßen diese Orte meist auch einen symbolischen Stellenwert. Sie wurden mit Palästen und Kirchen prächtig ausgebaut, im Umland gehörte viel Königsgut dazu und meistens auch große Forste, in denen der König in der Jagdsaison vor seinen adligen Gefolgsleuten und fremden Gästen wiederum Mut und Stärke bewies. An solchen Orten feierte der König die kirchlichen Hochfeste, versammelte er die Großen des Reiches und empfing „die Gesandten vieler Völker", die den Radius seines Ruhms und seiner Macht sichtbar machten.

Für die Ottonen waren solche Punkte vor allem Quedlinburg, wo häufig das Osterfest „mit großer Freude" gefeiert wurde, daneben seit Otto I. Magdeburg, zeitweilig Aachen, Frankfurt oder Ingelheim, d. h. bedeutende, auch kirchlich ausgebaute Pfalzorte, bei besonderen Anlässen zunehmend auch Bischofsstädte. Pfalzen und Königshöfe an den großen „Straßen" durch das Reich kamen als Stationen des Reisewegs hinzu; auch Königsklöster wurden für Herrscheraufenthalte genutzt. Verlagerungen der Präferenzen können Veränderungen im politischen Kräftefeld anzeigen, wie das fast spektakuläre Hervortreten Merseburgs und das Zurückfallen Quedlinburgs unter Heinrich II. Oder sie machen eine Erweiterung der Basis für die Ausübung der Königsherrschaft deutlich: Heinrich II. begann systematisch, die Bischofssitze für seine Hofhaltung zu nutzen. Er bürdete ihnen die „Königsgastung" auf, aber er entschädigte sie dafür mit der Schenkung von Besitz sowie finanziell einträglichen Rechten; außerdem ehrte er die Gastgeber durch Vertrauensbeweise und kostbare Geschenke. Viele Prälaten bemühten sich deshalb um einen Besuch des Königs. Die Bischofsstädte bildeten einen erwünschten Rahmen für die immer reichere Ausgestaltung der kirchlich-liturgischen Darstellung des Sakralkönigtums unter Otto III. und Heinrich II. Sie boten auch die repräsentative Infrastruktur, seitdem sich die Herrschaft des Bischofs, ab Mitte des 10. Jahrhunderts immer deutlicher zu erkennen und durch die Übertragung von bisher königlichen Hoheitsrechten beschleunigt, in Richtung auf das „geistliche Fürstentum" mit seiner weltlichen Macht entwickelte.

Während hier ein grober Rahmen noch erkennbar ist, versagen die Quellen weitgehend, sobald man wissen will, wie sich das Leben konkret am einzelnen Pfalzort gestaltet hat – wenn der König mit seinem großen, manchmal riesigen Gefolge da war und erst recht, wenn er für Monate oder gar für Jahre nicht erschien. Was an Gütern zu einer Pfalz oder einem Königshof gehörte oder wer sie wie verwaltete, ist zeitgenössisch nicht belegt und kann aus späteren Zeugnissen nur fragmentarisch rekonstruiert werden; wie viele Menschen der zugeordnete Hörigenverband umfaßte, läßt sich nicht einmal in der Größenordnung abschätzen. Quellen über die königliche Grundherrschaft sind aber nicht etwa vollständig verlorengegangen, sondern es gab sie in der Regel nicht, weil man Organisation und Verwaltung weitgehend ohne Schriftgebrauch bewältigte. Das hat funktioniert. Mehrere große Versammlungen mit Dutzenden von Fürsten und Adligen fanden im Jahresrhythmus an verschiedenen Orten statt; große Synoden im Beisein des Königs wurden abgehalten, glanzvolle Treffen des Königshauses. Jeder, der etwas sein wollte, brachte dazu das entsprechende Gefolge mit, gewöhnlich auf eigene Kosten.

Wie wurden die Hunderte oder Tausende von Menschen verpflegt? Es gibt zwei Zeugnisse aus dem 12. Jahrhundert, die eine Größenordnung für den Bedarf an Nahrungsmitteln beziffern. Aus Pöhlde, wo in spätottonisch-frühsalischer Zeit königliche Festfeiern und große Hoftage stattfanden, stammt die Angabe, in der Zeit Ottos I. habe die Hofhaltung täglich Güter im Wert von 30 Pfund Silber verschlungen. Nach dem Annalista Saxo belief sich 968 der Verzehr des königlichen Hofes täglich auf 1000 Schweine und Schafe, ferner 8 Rinder, 10 Fuder Wein und 10 Fuder Bier, 1000 Malter Getreide (die Maße sind schwer umzurechnen, doch es handelte sich mindestens um etliche Hektoliter und hunderte von Doppelzentnern), dazu „Hühner, Ferkel, Fische, Eier, Gemüse und vieles andere". Selbst wenn man berücksichtigt, daß Schweine und Schafe damals nur einen Bruchteil des Fleisches lieferten, den heutiges Schlachtvieh erbringt, erscheinen die Zahlen als fast unglaublich hoch. Vielleicht haben die Autoren die Angaben aus Notizen bezogen, die aus Anlaß eines besonderen Ereignisses entstanden sind, dann hätte der Normalbedarf wesentlich niedriger gelegen – doch es gibt keinen Anhaltspunkt, das begründet zu entscheiden. Man weiß nur, daß Klöster und Bistümer aus einem weiten Umkreis Naturalien liefern mußten, wenn der König an einem Ort Aufenthalt zu nehmen gedachte, wobei sein Erscheinen in der Regel frühzeitig angekündigt wurde. Es muß also entsprechende Transportkapazitäten gegeben haben, wohl auch spezialisierte Fuhrleute für Ferntransporte, wie sie im 11. Jahrhundert sicher zu belegen sind. Manches bleibt bis heute schon technisch rätselhaft, etwa wie man die kostbaren Säulen für Ottos Dombau in Magdeburg als Monolithe von Italien an die Elbe transportierte. Auch hier mußte etappenweise vordisponiert werden, damit alles Nötige zum rechten Zeitpunkt am vorgesehenen Ort zur Verfügung stand.

Nur ein Seitenblick sei auf die Bauern geworfen, die produzierten, was die Höfe des Königs, der Bischöfe, Äbte und Äbtissinnen und des Adels, die Konvente, die Panzerreiter und andere Sondergruppen der Gesellschaft – etwa auch Fuhrleute bei einem Großtransport – konsumierten. Sieht man von Sachsen ab, so war das freie Bauerntum schon seit der Karolingerzeit kontinuierlich zurückgegangen. Die Menschen traten in die Hörigenverbände vor allem der Kirche ein, schon um beispielsweise den ruinösen Folgen des Heeresaufgebots zu entgehen; denn wer von den Freien ausziehen mußte, war in Frühjahr und Sommer oft monatelang von seinem Hof getrennt. Man übergab sich selbst in die Hörigkeit, um den Schutz eines Mächtigen zu gewinnen, und leistete dafür Abgaben und Dienste. Zu dem gesamten Lebensbereich ist aus ottonischer Zeit besonders wenig überliefert, weil klösterliche Güterverzeichnisse, wie sie zur Zeit der Karolinger angelegt wurden, fast völlig verschwinden, und die Ausstellung von Urkunden über Güterschenkungen, in denen oft Hörige und deren Verpflichtungen mitgenannt waren, so vollständig abbricht, daß die Urkundenforschung für das 10. Jahrhundert in Deutschland sogar eine „Reaktion gegen die Urkunde" konstatiert.

Dennoch sind einige für die Herrschaftsorganisation wichtige Veränderungen erkennbar. Mit der Entwicklung zum geistlichen Fürstentum werden die Forderungen der kirchlichen Grundherren konsequenter eingetrieben, vielleicht auch gesteigert; die Verwaltung durch Geistliche weicht der durch bischöfliche Funktionäre im Laienstand, seien es Vasallen oder selbst aus dem Hörigenverband stammende Ministerialen. Der Bedarf an Panzerreitern, aus denen sich beispielsweise die Kontingente für die ottonischen Italienzüge nun fast ausschließlich rekrutieren, zwingt dazu, diese Männer und ihre Familien so mit Lehengütern, d.h. vor allem bewirtschafteten Bauernhöfen, auszustatten, daß sie sich von den Abgaben nicht nur die Ausrüstung und die langen Heerfahrten, sondern die erforderliche Spezialisierung auf den Kriegerberuf leisten können.

Auch diese bäuerliche Welt war keine friedliche Welt, und die Bauern litten nicht nur unter den Fehden oder den Abgabenforderungen der Großen. Kaiser Heinrich II. bemühte sich, die wechselseitigen Überfälle aus den Hörigenverbänden des Bistums Worms und des Klosters Lorsch oder der Klöster Fulda und Hersfeld einzudämmen. Bischof Burchard von Worms (1000–1025) setzte dem Hörigenverband seiner Kirche ein schriftliches Recht, einmal um die ständigen fehdeartigen Auseinandersetzungen zwischen Bauern zu beenden, die in einem Jahr zu 35 Toten geführt hätten, zum anderen aber auch, um durch genaue Festlegung der Verpflichtungen und Leistungen zu verhindern, daß seine eigenen Funktionäre, seien sie Vogt, Viztum oder Meier, „wie Hunde die *familia sancti Petri* zerfleischen". Die herrschaftliche Organisation wurde dichter, die gesellschaftliche komplexer. Auch dies alles gehörte zur Veränderung der Strukturen im Reich, wie sie unter Heinrich II. hervortraten.

Das Herrschaftssystem des „Reisekönigtums" zur Regierung eines Großreichs wäre wohl nicht durchführbar gewesen ohne eine in den Führungsschichten ohnedies gegebene hohe Mobilität. Auch der höhere Adel hatte keine dauerhaften Sitze und zog ähnlich wie der König zwischen seinen oft weit gestreuten Besitzungen hin und her. Ein Kloster wie Fulda beispielsweise besaß Güter bis zum Oberrhein und bezog von dort Naturalien; St. Gallen hatte, nicht einmal besonders weit gestreut, Besitz bis ins Neckarbecken, in den Breisgau und an die oberitalienischen Seen; Kloster Kempten im Allgäu holte seinen Wein aus dem Laden- und Kraichgau und erhielt 972 dafür vom Kaiser eine Zollbefreiung. Die Bischöfe waren zwar an feste städtische Sitze gebunden und verfügten noch am ehesten über Ansätze einer Kontrolle vom städtischen Zentrum her; aber da es Untergliederungen der Diözese wie die späteren Archidiakonate und delegierte ständige Aufgaben noch nicht gab, bereiste der Bischof zur Visitation regelmäßig seine Diözese. Die Männer aus den Führungsschichten und viele Leute aus dem „Volk" waren fast permanent unterwegs.

Für die „Infrastruktur" sorgten Herrschaftsträger und An-
wohner, denen die Instandhaltung der großen Reisewege und
Heerstraßen oblag; doch gerade für das 10. Jahrhundert weiß
man darüber kaum Näheres. Wo es möglich war, wurden
Flüsse oder auch Seen wie der Walensee oder der Lago di
Como für eine schnellere oder bequemere Reise und für
Transporte genutzt. Hierfür gab es Fährleute mit den entsprechenden Booten, für die man eine Lizenz vom König brauchte. Daß der Hof auf dem Wege vom Mittelrhein nach Köln zu
Schiff fuhr oder in Oberitalien von Pavia bis Ravenna die
auch für den Handel bedeutsame Wasserstraße des Po nutzte,
scheint normal gewesen zu sein. Hier waren sogar Formen
imperialer Herrschaftsrepräsentation möglich. Als Otto III.
997 auf dem Weg zum „Strafgericht" in Rom von Pavia nach
Ravenna fuhr, ließ er sich auf einem Prunkschiff des Dogen
von Venedig in Begleitung des Dogensohns befördern. Bei seiner „dritten Ankunft in Italien" auf der Rückkehr von Gnesen
und Aachen im Jahr 1000 bestieg er südlich von Chiavenna
das Schiff, um sich bei der Landung in Como feierlich von
den Großen Italiens empfangen zu lassen, und zog von dort
mit großem Geleit nach Pavia, in die Hauptstadt des Königreichs.

Doch auch wenn naturräumliche Gegebenheiten nicht genutzt werden konnten oder man sich – gewiß kontingentiert –
in großem Zug bewegte, wurden selbst schwierigere Routen
relativ rasch bewältigt. Vom Lechfeld, dem Sammelplatz für
den Aufbruch nach Italien, gelangte ein Heer über Fern- und
Brennerpaß in gut 14 Tagen nach Trient; von Mailand oder
Como nach Zürich oder St. Gallen brauchten die ottonischen
Herrscherpaare mit ihrem Gefolge selbst im Winter etwa zehn
Tage. Wo der Königshof mit größerer Begleitung seinen Weg
genommen hatte, war hinterher sozusagen alles abgegrast. So
warnte im Juli 973 Herzog Burkhard von Schwaben eine Dele-
gation des Augsburger Domkapitels davor, dem Kaiser, den sie
in Worms verpaßt hatte, nach Niederlothringen nachzureisen:
Sie würde nur völlig übertcuerte Lebensmittel und kaum Futter
für die Pferde finden; deshalb sei es besser abzuwarten, denn

der Kaiser wolle schon bald in das Elsaß zurückkommen, und wenn es soweit sei, werde er rechtzeitig Nachricht geben.

Eine solche Herrschaftspraxis setzte ständige und rasche Nachrichtenübermittlung voraus. Auch wenn man nur wenig darüber weiß, wie sie in ottonischer Zeit organisiert war, lassen zufällig überlieferte Angaben die Leistungsfähigkeit in Sondersituationen wenigstens erahnen. Daß Otto II. am 7.XII. in Rom gestorben war, wurde in Aachen am Weihnachtstag, zweieinhalb Wochen später, bekannt; die Geschwindigkeit deckt sich mit Werten, die für den Verkehr zwischen König Heinrich IV. und Papst Gregor VII. um die Jahreswende 1075/76 belegbar sind: etwa drei Wochen für die Strecke von Rom nach Goslar, gut zwei Wochen für den Weg von Worms nach Rom. Bei Einfällen der Ungarn oder bei Vergeltungsaktionen der Elbslawen auf sächsischem Boden waren solche Zeitspannen aber immer noch zu lang; und so bedurfte es, um schnell reagieren zu können, insbesondere an den Grenzen des Reiches einer Konzentration von Kommandogewalt. Die Stellung der Markgrafen beruhte auf solchen Notwendigkeiten.

Große Leistungen hinsichtlich der Nachrichtenübermittlung wurden gefordert für die permanente Bewältigung von komplexen Aufgaben weiträumiger Koordination. Das Reich wurde ja nicht schon dadurch regiert, daß der König mal in dem, mal in jenem Teil nach dem Rechten sah; auch zeigte er sich keineswegs überall. Von den „königsfernen" Randgebieten einmal abgesehen, haben die Ottonen auch Schwaben und Bayern nur im Zuge übergreifender Notwendigkeiten betreten; nach der Übernahme des Kaisertums blieben sie für Jahre südlich der Alpen, und die Gebiete im Norden wurden trotzdem regiert. Daß Unrecht und Gewalt überhandnähmen, wo der König nie erschien, um Konflikte zu schlichten, war aber allgemeine Überzeugung. Doch der König kam nicht allein, er konnte gar nicht allein kommen, wenn er nicht schon Wesentliches von seiner Herrschaftsgewalt preisgeben wollte. Er kam mit großem Gefolge, um in jedem Gebiet die Mächtigen und die lokalen Gewalthaber um sich zu vereinen. Solche periodischen Zusammenkünfte an wechselnden Plätzen waren das zentrale Element der Herrschaftspraxis. Hier fand die Politik statt, selbst wenn Entscheidungen im kleinen Kreis vorberaten waren. Und hier sah man auch, wer beim König wieviel galt. Die „Kopräsenz" von König und Großen herbeizuführen, bedufte es – von allen sonstigen Aufgaben der Organisation abgesehen – eines ständigen Botenverkehrs nach allen Richtungen sowie über oft große Distanzen.

Für den Aufenthalt des Königs an einem Ort, für die Versammlung der Großen am Hof mußte jedoch nicht nur materielle Vorsorge getroffen und terminlich abgestimmt disponiert werden. Jeder offizielle Auftritt des Königs, jede repräsentative Beratung verlangte als Rahmen aufwendige Zeremonien. Gerade sie bedurften genauer Planung. Die Königsgewalt war nicht in einem alltäglich wirkendem Machtapparat präsent, sondern man mußte sie sehen, wenn sie wirksam sein sollte. Wo die erforderlichen Formen nicht eingehalten wurden, tat dies der „Ehre" des Herrschers Abbruch, d. h. seiner Würde mit allem, was ihr zukam; und wenn er sich darauf einließ, hatte er bereits ein Stück seiner „Staatsgewalt" verloren. Der Empfang des Herrschers an den Grenzen der Königreiche und Herzogtümer, sein Geleit durch das Herrschaftsgebiet eines Großen, die zeremonielle Begrüßung durch Amtsträger, Klerus und Volk weit vor einem besuchten Ort, seine Einholung in großer Prozession, sein Einzug unter jetzt oft neu gedichteten Lobgesängen – all dies gehörte zu den unverzichtbaren Ritualen des Umzugs durch das Reich, weil es verbindlich die Anerkennung und Unterstützung des Königs zum Ausdruck brachte. In der Krisensituation von 953 konnte Otto I. nicht in Mainz einziehen, solange ihn der Erzbischof nicht persönlich empfing, da er sich während der Fastenzeit gerade in ein entferntes Kloster zurückgezogen hatte; der König konnte in Aachen nicht Ostern feiern, weil dort nichts dem Anlaß Würdiges vorbereitet war. Als Heinrich II. 1002 von Merseburg nach Aachen ziehen wollte, mußte er lange in Duisburg warten, bis die reservierten lothringischen Bischöfe und der gekränkte Erzbischof von Köln – mit absichtlicher Verspätung – eingetroffen waren, weil er sich zum Ausweis der Legitimität nur von ihnen nach Aachen geleiten lassen konnte. Jede Verweigerung des Rituals war eine Infragestellung der Königsmacht, die Erfüllung dagegen eine Ehrung, die auch mit „Ehre" vergolten wurde. Wie das geglückte Ritual den Glanz kaiserlicher Herrschaft verkündete, wurde oben am Beispiel der Rückkehr Ottos und Adelheids aus Italien im Jahr 965 oder anhand des Gnesenzugs Ottos III. geschildert.

Das ottonische Sakralkönigtum
in der Frömmigkeit des 10. Jahrhunderts

Erst nach solchen notwendigen Handlungen konnten die weiteren repräsentativen Akte der „Politik" beginnen. Wo sie programmgemäß verliefen, hielten sie sich in einem von kirchlichen Festtagen gesteckten Rahmen, nicht nur weil die von Gott berufenen Herrscher aufgrund ihrer Würde an den Gottesdiensten teilnehmen wollten und mußten. Der kirchliche Festkalender terminierte die „Staatsakte" wie auch sonst besondere Ereignisse, zum Beispiel Märkte, jede Art von Zusammenkünften oder auch die bäuerlichen Abgaben an die Grundherren. Schon aus praktischen Gründen war ein „heiliger Tag" der sicherere, leichter zu memorierende Termin als ein Zahlendatum aus dem schwierigen römischen Kalender. Aber die Akte der Herrschaftsrepräsentation, alle Formen größerer politischer Beratung eingeschlossen, wurden bewußt auf die kirchlichen Feste gelegt. Denn gerade sie erlaubten zu zeigen, was Königtum war, woher Königsherrschaft ihre Legitimation und ihre Kraft erhielt. Die Gottesverehrung im gemeinsamen großen Vollzug bildete gewissermaßen den Kern der Politik. Denn die Gnade Gottes war Voraussetzung für alles andere.

Die Überzeugung, daß alle Obrigkeit von Gott gesetzt ist und daß legitime Gewalt nur mit dem König und niemals gegen ihn ausgeübt werden kann, besaß ihr Fundament im Glauben selbst. Sie war gegründet auf das Zeugnis der Apostel Petrus und Paulus. Wie die Geschichte des Volkes Israel – das man als Präfiguration des christlichen Volkes im Neuen Bund begriff – zudem lehrte, lenkte Gott durch auserwählte Könige sein Volk und erwies beiden Gutes, solange sie ihm dienten. Schon unter den christlichen Kaisern der Spätantike hatten die Kirchenväter auf diesem Fundament eine Lehre von der Königsherrschaft unter Gott zur Lenkung des Volkes Christi ausformuliert, die zur Grundlage des Ordnungsdenkens im ganzen Mittelalter und letztlich bis zum Ende der europäischen Monarchien wurde. Im Abendland vollzog dann Karl der Große einen die Geschichte der Monarchie prägenden Schritt: In seinem Herrschertitel fügte er dem Titel „König" das „von Gottes Gnaden" hinzu und ließ andere herkömmliche Rangtitulaturen fallen. Damit stellte er das Königtum noch entschiedener auf die religiöse Legitimation. Doch während man ihn gern im Spiegel der alttestamentlichen Könige sah, betonte man unter den Ottonen immer nachdrücklicher, daß der König „Stellvertreter" des Herrn, *vicarius Christi* sei. Auch diese Überzeugung leitete sich aus älteren Ansätzen her. Ihre Zuspitzung unter den Ottonen lenkt den Blick aber zugleich auf Byzanz. Dort läßt sich die Vorstellung von Christusnähe des Kaisers in der Bildkunst seit der Spätantike kontinuierlich verfolgen; und von dort her überformten Bilder jetzt erneut das abendländische Denken.

Unter den Ottonen, insbesondere im Umkreis Ottos III. und Heinrichs II., erreicht dieser Einfluß in einem mächtigen Schub das westliche Kaisertum. Die Idee des Sakralkönigtums wird hier in einer Weise gesteigert, daß die figürlichen Gestaltungen und rituellen Inszenierungen den Rahmen der theologischen Begründung manchmal fast zu sprengen drohen. Die „herrschaftstheologischen" Entwürfe – kaum in Traktaten oder der traditionellen Exegese formuliert, doch um so deutlicher in der Bildkunst, der Geschichtsschreibung, der Liturgie, auch der Dichtung faßbar – stehen in einem umfassenderen Zusammenhang der Entfaltung von Frömmigkeit und kirchlichem Leben im 10. Jahrhundert. Der Königshof wurde augenscheinlich von einer allgemeineren und keineswegs auf das ottonische Reich beschränkten Tendenz mitgetragen. Aber die immer intensiver werdende Verschränkung von Königtum und Bischofsamt unter den Ottonen schuf in ihrem Reich eine breite, kohärente Trägerschaft, die überall in eigenen

Gestaltungen zur Steigerung dieser religiösen Deutung von Welt- und Herrschaftsordnung beitrug. Die imperiale „ottonische Kunst" wurde in diesem herrschaftlich-kirchlichen Milieu aus einem tiefen religiösen Bedürfnis geschaffen. Sie ist deshalb Ausdruck einer breiteren Kulturentwicklung.

„Die Vorstellung, daß der Herrscher ein Abbild Christi sei, hätte wohl selbst bei ihren Verfechtern kaum derart wirkungsvoll sein können, wenn ihr nicht gewissermaßen ein religiöses Kapital zugrunde gelegen hätte, d.h. wenn nicht politische Ideologie und religiöses Empfinden eine Einheit gewesen wären. Religion mag gelegentlich dazu benutzt werden, die politische Ideologie zu stützen; doch wenn die religiösen Vorstellungen einer Zeit schon von ihrer Konzeption her derart eng mit den politischen Vorstellungen verknüpft sind wie unter Otto III. und Heinrich II., dann läßt sich mit dieser Feststellung die Frage nach der Funktion der Religion nicht erledigen. Mit anderen Worten: Man kann nicht verstehen, warum das Ideal eines christusbezogenen Königtums eine derart starke emotionale Macht ausübte, wenn man nicht weiß, welchen Stellenwert Christus in der ottonischen Kunst und Religion einnahm" (H. Mayr-Harting). Das Leben Christi wird in den kostbaren Evangelienhandschriften der ottonisch-frühsalischen Zeit in vielen Szenen geschildert. Monumental wirkenden Hauptfiguren, deren eindringliche Gesten den Raum erfüllen mit etwas, das unsichtbar gegenwärtig ist, korrespondieren mit ausdrucksvollen, innerlich bewegten Figurengruppen, die Zeugen des Heilsgeschehens sind. Immer neu wiederholen die Prachthandschriften unter Verwendung von Gold, Purpur und vielen kostbaren Farben den Zyklus von Geburt, Leben, Leiden und Auferstehung des Herrn; in Kirchen wurde er in flächendeckenden Fresken ausgebreitet. In der karolingischen Buchmalerei gibt es nichts Vergleichbares; fast nur in der Elfenbeinkunst wurde etwas vom spätantiken Bildrepertoire zu dieser Thematik weitergegeben. Insofern sind die kostbaren Codices der Ottonenzeit, von Herrschern und Bischöfen an Kirchen geschenkt, d.h. Christus und Gott dargebracht als Zeichen des eigenen Glaubens und der Hoffnung auf ein Leben mit dem

Auferstandenen, nicht nur durch die ikonographische, künstlerische Gestaltung signifikant, sondern ebenso durch den Inhalt der Darstellungen. In diesen Bildern ist das Zeitalter in einer konstitutiven Form seiner Kultur noch heute gegenwärtig.

Der Glaube an Christus drängte die Menschen, die Zeugnisse der kostbarsten Wahrheit sichtbar zu machen, um die Gegenwart des menschgewordenen Christus auf Erden mit den Sinnen ergreifen zu können. Sie verlangen nach Visualisierung der Zeugenschaft, nach symbolischer Inszenierung des Heilsgeschehens, nach dessen Lobpreis in neuen, die Liturgie ergänzenden Gesängen. Von Bischof Ulrich von Augsburg (†973) wird berichtet, daß er die von ihm prächtig ausgestaltete Feier der Karwoche durch Neuerungen bereicherte. Wenn er vom St. Afra-Kloster kommend am Palmsonntag mit großer Prozession in die Stadt einzog, ließ er das Bildnis Christi auf einem hölzernen Esel mitführen; es wurde von der gesamten Einwohnerschaft und der Bevölkerung aus den größeren Siedlungen der Diözese begrüßt wie Christus beim Einzug in Jerusalem, indem die Menschen Kleider und Zweige auf den Straßen ausbreiteten. Aus diesem Zusammenhang also stammt das erste Zeugnis für den späteren Palmesel-Brauch. Im Auferstehungsgottesdienst begann man, den Dialog der Frauen mit dem Engel am Grabe nicht nur durch gesungene Fragen und Antworten zu erweitern, sondern szenisch aufzuführen. Aus der Zeit um 970 stammt der erste Beleg, daß sich in englischen Klöstern dafür vier Mönche umzogen, um in die Rolle des Engels und der drei Marien zu schlüpfen – auch in Deutschland erweiterte sich diese Szene bald zum Osterspiel. Erzbischof Gero von Köln (969–976) ließ ein hölzernes Bildnis des Gekreuzigten schaffen, um es auf seinem Grabe aufzustellen – selbst wenn das Gero-Kreuz im Dom erst unter seinem Nachfolger Everger (985–999) entstanden sein sollte, bezeichnet es für die Kunstgeschichte den Beginn der monumentalen, fast lebensgroßen Kruzifixe und der Darstellung des im Schmerz gestorbenen, toten Erlösers am Kreuz. Unzweifelhaft fand also die Christusfrömmigkeit unter den Ottonen neue Ausdrucksformen. Der Herrscher, die Bischöfe, gläubige

Stifter überhaupt haben allen Reichtum zur Verfügung gestellt, damit sie die dem „Herrscher der Herrschenden und König der Könige" gebührende Verehrung und Demut zeigen konnten – aber die Menschen der Zeit, nicht nur sie selbst, hatten teil an dem, was man dafür erhoffte und in den beschenkten Kirchen erbitten ließ.

Die Gedankenfiguren und Bildentwürfe, in denen man unter den Ottonen die Stellung des Herrschers – und auch: des Herrscherpaares, der Kaiserfamilie – zu fassen versuchte, erhalten aus dem Bezug zu Christus ihre eigentliche Bedeutung. Ein König galt nicht nur als von Gott erwählt, von Gott zur Lenkung eines Volkes „auf der irdischen Pilgerfahrt" berufen. Man sah in ihm um 1000 ganz betont ein Abbild Christi, weil er durch Salbung und Krönung Anteil an Christi Priesterkönigtum gewann. Das heißt aber nicht, daß der König nicht als Mensch zugleich der Sünde verhaftet war, durch seine Stellung vielleicht hinsichtlich der Erlösung noch mehr gefährdet als andere; und das heißt erst recht nicht, daß die Bischöfe ihn nicht zurechtwiesen, wo er nach ihrer Meinung den rechten Weg verließ, oder daß die Großen, wenn sie sich in ihrem Rang mißachtet oder in ihrem Recht verletzt fühlten, nicht die Waffen gegen ihn erhoben. Wenn Gott die Menschen bestrafen wollte, ließ er sogar zu, daß der König zum Tyrannen pervertierte. Die Herrscherbilder zeigen und die Wortgleichungen formulieren hinsichtlich des Königtums eine Wahrheit, der die göttliche Weltordnung zugrundeliegt. An den Herrscher gerichtet, enthalten sie die Mahnung, sich zu bemühen, so zu sein, d.h. dem Auftrag des Königtums gerecht zu werden. Wie der Überlieferungskontext zeigt, sind die Äußerungen stets auch als Ausdruck einer Bitte für den König an Gott zu verstehen; denn Worte und Bilder stammen selbst aus der Liturgie, und die Herrscherbildnisse finden sich in den gestifteten liturgischen Codices, auf liturgischem Gerät. Eine berühmte Darstellung Ottos I. für den Magdeburger Dom zeigt den Kaiser, wie er, von den Patronen geleitet sowie unter Zeugenschaft des heiligen Petrus, dem thronenden Christus eine Kirche, das von ihm gestiftete Erzbistum, darbringt in der Hoffnung auf ewigen Lohn. Die durchbrochen gearbeitete Elfenbeintafel stand als Darstellung der Majestas Domini – umgeben von mindestens 40 ähnlichen Tafeln, die das Leben Christi zeigten, und alles mit Goldfolie unterlegt – im Zentrum des Vorsatzes für den Hauptaltar oder auch der Kanzel für die Lesung des Evangeliums an den Chorschranken „seines" Doms.

Die hier faßbaren Überzeugungen fanden ihre Darstellung vor allem auch in der Herrschaftsrepräsentation. Nicht nur in den Schriften wurde der König im Kreis der Bischöfe gedeutet als ein Abbild Christi und der Apostel. Man inszenierte dieses Verständnis der Welt seit Otto III. auch beim Auftreten der Herrscher. Die Ausgestaltung der Investitur der Bischöfe – also die Vergabe des geistlichen Amtes – durch den König unter den Ottonen und ersten Saliern, unter denen sie quasi zur paraliturgischen Handlung wurde, vollzog sich vor dem Hintergrund solcher Vorstellungen. Daß die Bischöfe Nachfolger der Apostel sind, wurde nun auch darin verdeutlicht, daß der Stellvertreter Christi an ihrer Berufung mitwirkte, bevor sie mit der Weihe ihr Amt von Christus selbst empfingen. Thietmar von Merseburg konnte deshalb scherzend den Erzbischof Tagino von Magdeburg, einen besonderen Vertrauten des Königs, als „Lieblingsjünger" Heinrichs II. bezeichnen.

Diese Vorstellungswelt war die Basis für die immer engere Verflechtung von Königtum und Kirche im ottonischen Reich. Die Bischöfe wurden zu den wichtigsten Helfern der Könige und zugleich – neben und dann sogar vor den Herzögen – die Ersten unter den Großen des Reiches. Die Könige und Kaiser übertrugen ihnen Herrschaftsrechte: die Gerichtsbarkeit in ihrer Stadt, Marktzölle, das Münzrecht, die Stadtmauern mit allen Leistungen, die von den Bewohnern für Bau, Unterhaltung und Verteidigung zu erbringen waren. Seit dem späten 10. Jahrhundert kamen immer häufiger auch Herrschaftspositionen außerhalb der Bischofssitze hinzu, insbesondere Grafschaften, ferner Forste, Silberminen und anderes, was sonst dem König zustand – und natürlich weiterhin Güterkomplexe mit den darauf sitzenden Bauern, wie sie den Kirchen auch früher geschenkt worden waren. Und die Bischöfe nutzten dies alles nicht zuletzt dazu, um vermehrt Adlige als Vasallen zu gewinnen – Männer, die als Panzerreiter auszogen oder solche Kontingente anführten, wenn der König ein Heer aufbot. So bildete sich in spätottonischer Zeit immer deutlicher das geistliche Fürstentum heraus, das dann für das „Heilige Römische Reich" bis 1806 charakteristisch wurde.

Den konzeptionellen Weg dahin könnte die Königsherrschaft über Italien geöffnet haben, also die Verbindung Ottos des Großen und Adelheids. Denn die Könige Italiens hatten schon seit Beginn des 10. Jahrhunderts den Bischöfen mehr und mehr die königlichen Hoheitsrechte in ihrer Stadt sowie im Umkreis der Stadt übertragen und ihnen in Einzelfällen auch schon die Grafenrechte in der Diözese verliehen. Unter der Herrschaft Hugos und Lothars war dies immer systematischer geschehen. Nördlich der Alpen wird das, was von der Forschung „Reichskirchenpolitik" genannt wurde, mit ersten charakteristischen Akzentuierungen in der Kaiserzeit Ottos I. sichtbar; unter der Regentschaft Theophanus und Adelheids und Ottos III. selbst wird die Verleihung von Hoheitsrechten an die Bischofskirchen nicht nur zum wichtigen Mittel, um Präsenz und Effizienz der königlichen Ordnungsgewalt jeweils durch das Wirken der Bischöfe in ihren Diözesen zu verstärken, sondern sie dient immer mehr dazu, die Gestalt des Reiches selbst zu formen. Bei Heinrich II. liegt hier geradezu das Zentrum seiner Politik.

Doch trotz aller Ansätze zur Objektivierung der Reichsordnung und trotz der zunehmend transpersonalen Auffassung der Königsherrschaft blieb das Reich nach wie vor in erster Linie ein Verband der herrschaftstragenden Personen und Gruppen. Die Verbindung von Königtum und Kirchen, ja fast ihre Verschmelzung im „Kirchenreich" der letzten Ottonen und ersten Salier, wäre nicht denkbar und nicht möglich gewesen ohne das persönliche Band zwischen Bischöfen und Königen, zwischen Reichskirchen und Königshaus. Seit Otto I. wurde die „Hofkapelle" – die Gruppe von Geistlichen, die am Hof in unterschiedlichen Funktionen dienten und ihn auf seinen Reisen begleiteten – so etwas wie ein ständiger Stab von

Beratern und Helfern auch im politischen Sinn. Die Kapelläne entstammten seither auch vornehmsten Adelsfamilien im Reich und fanden den Weg zum König über die Zugehörigkeit zu Dom- und Stiftskapiteln, deren Mitglieder sie auch in der Zeit am Hofe blieben. So war das Herrschaftszentrum um den König oder Kaiser durch viele personale Fäden mit Adelsfamilien und Kirchen im ganzen Reich verbunden. Was Otto I. – vielleicht auch hier durch Methoden der italienischen Könige Hugo und Lothar angeregt – in seinen letzten Regierungsjahren begonnen hatte, nämlich zu besetzende Bischofsstühle auch Hofkapellänen anzuvertrauen, das wurde unter Otto III. und erst recht unter Heinrich II. zu einem gezielt eingesetzten Mittel der Herrschaftsverwirklichung. Die gemeinsame Zeit am Hof hatte nicht nur eine Vertrauensbasis zwischen Herrscher und künftigen Bischöfen geschaffen, sondern bewirkte auch eine Homogenität der Gruppe, die vor allen anderen die Königsherrschaft mittrug und die Ordnung des Reiches im Ganzen und in seinen Teilen mitgestaltete. Das hohe Niveau, das die Forschung dem „ottonischen Reichsepiskopat" bescheinigt, ist nicht zuletzt auch ein Ergebnis von Leitbildern, die am Kaiserhof gesetzt wurden: sowohl hinsichtlich der Gelehrsamkeit, des Kunstsinns und der praktischen wie politischen Fähigkeiten als auch hinsichtlich der Religiosität. Auch in dieser Hinsicht ist die ottonische Kultur untrennbar mit dem Wirken der Ottonen selbst verbunden.

In fast jeder Stadt, die in ottonischer Zeit Bischofssitz war, ist trotz aller seitherigen Veränderungen und Zerstörungen meist bis heute noch etwas von der ottonisch-frühsalischen Zeit gegenwärtig, und zwar weniger in ihren Denkmälern als sozusagen von ihrem Geist, von ihrer Spiritualität. Die damals erbauten Kirchen wurden zwar vielfach erneuert; denn sie blieben geförderte, verschönerte Stätten der Gottes- und Heiligenverehrung auch in künftigen Jahrhunderten. Aber vom ottonischen Episkopat wurde gewissermaßen ein bis heute erhaltenes Grundmuster geschaffen, das nur vom religiösen Bild der Stadt im 10./11. Jahrhundert verständlich ist. Wo der Bischofssitz nicht auf den Resten einer römischen Siedlung erwachsen war, also rechts des Rheins und nördlich der Donau, war die bischöfliche *civitas*, die *urbs*, eine Domburg, die sich meist nur über wenige hundert Meter erstreckte, von einem palisaden-verstärkten Wall und einem Graben umgeben. Diese Domburg wurde in ottonischer Zeit verstärkt und verschönert. Doch vor ihren „Mauern" gründeten die bischöflichen Stadtherren in jener Zeit gezielt Klöster, manchmal bewußt in Kreuzesform in die vier Himmelsrichtungen gesetzt oder als Kirchenkranz um das Zentrum, die eigentliche Stadt, gruppiert. Das Vorbild der Städte in Italien mit ihren Gotteshäusern über Märtyrergrä-bern vor den Mauern mag dieses Stadtideal mitgeformt haben. Für die Kirchen wurden von überall her Reliquien erworben, manchmal sogar geraubt, um die Heiligen durch die liturgische Verehrung als Beschützer und als Vermittler bei Christus zu gewinnen. Gerade die Bischöfe wurden so unter den Ottonen zu Kirchengründern und als solche in ihren Lebensbeschrei-bungen und in Bildern auch dargestellt. Sie wurden die Stifter von Klöstern rund um ihre Stadt, in denen das Gebet geistli-cher Gemeinschaften den Bewohnern göttlichen Schutz und ihnen selbst das ewige Leben sichern sollte.

Zur ottonischen Stadt gehörte aber auch eine feste Markt-siedlung vor der Domburg. Mancherorts war der Markt schon vorgezeichnet, weil das Bistum bei einem Fernhandels-platz gegründet wurde. Aber die dauerhafte Marktsiedlung, mit ihren Kaufleuten unter die Herrschaft und Gerichtsbarkeit des Bischofs gestellt, wird neben dem Kirchenkranz zum Kennzeichen der ottonischen Stadt. Sieht man sie zusammen mit den vielen neuen Münzstätten, die damals mit Privileg des Königs eingerichtet wurden, sowie mit der fast explosions-artigen Zunahme der Münzprägung und der entsprechenden Intensivierung des Silberbergbaus seit dem späten 10. Jahr-hundert, so wird auch etwas vom Wirtschaftsaufschwung im Imperium der Ottonen sichtbar. Er kam nicht zuletzt auch den Kaufleuten der Marktsiedlung zugute. Hier entwickelte sich unter königlich-bischöflichem Schutz die Keimzelle für die Ausbildung eines städtischen Bürgertums. Als neue politische Kraft artikulierte es sich schon im folgenden Jahrhundert.

Weiterführende Literatur

Gesamtdarstellungen: Hagen Keller – Gerd Althoff, *Die Zeit der späten Karolinger und der Ottonen. Krisen und Konsolidierungen. 888–1024* (Gebhardt Handbuch der deutschen Geschichte, 10. völlig neu bearb. Aufl., Bd. 3) Stuttgart 2008; *Die Ottonen. Kunst – Architektur – Geschichte*, hg. von Klaus Gereon Beuckers/ Johannes Kramer/Michael Imhof, Petersberg 2002; Gerd Althoff, *Die Ottonen. Königsherrschaft ohne Staat*, Stuttgart ²2005; Helmut Beumann, *Die Ottonen*, Stuttgart 1987, ³1994; Carlrichard Brühl, *Deutschland – Frankreich. Die Geburt zweier Völker*, Köln – Wien ²1995; Johannes Fried, *Der Weg in die Geschichte. Die Ursprünge Deutschlands bis 1024* (Propyläen Geschichte Deutschlands 1) Berlin 1994; Eduard Hlawitschka, *Vom Frankenreich zur Formierung der europäischen Staaten- und Völkergemeinschaft 840–1046*; Darmstadt 1986; Hagen Keller, *Zwischen regionaler Begrenzung und universalem Horizont. Deutschland im Imperium der Salier und Staufer 1024 bis 1250* (Propyläen Geschichte Deutschlands 2) Berlin 1986; *The New Cambridge Medieval History III, c. 900 – c. 1024*, hg. von Timothy Reuter, Cambridge 1999; Gerd Tellenbach, *Die westliche Kirche vom 10. bis zum frühen 12. Jahrhundert* (Die Kirche in ihrer Geschichte F1, 2) Göttingen 1988.

Biographien: Wolfgang Giese, *Heinrich I. Begründer der ottonischen Herrschaft*, Darmstadt 2008; Gerd Althoff/Hagen Keller, *Heinrich I. und Otto der Große. Neubeginn auf karolingischem Erbe*, Göttingen ³2006; Johannes Laudage, *Kaiser Otto der Große*, Regensburg 2001; Stefan Weinfurter, *Kaiserin Adelheid und das ottonische Kaisertum*, in: Frühmittelalterliche Studien 33 (1999) S. 1–19; Gerd Althoff, *Otto III.*, Darmstadt 1996; Ekkehard Eickhoff, *Kaiser Otto III. Die erste Jahrtausendwende und die Entfaltung Europas*, Stuttgart 1999; Stefan Weinfurter, *Heinrich II.*, Regensburg ³2002; *Kunigunde – ‚consors regni'*, hg. von Stefanie Dick/Jörg Jarnut/Matthias Wemhoff, München 2004.

Kataloge/Kataloghandbücher: *Bernward von Hildesheim und das Zeitalter der Ottonen*, hg. von Michael Brandt/Arne Eggebrecht, 2 Bde., Hildesheim 1993; *Europas Mitte um 1000*, hg. von Alfried Wieczorek/Hans-Martin Hinz, 3 Bde., Stuttgart 2001; *Otto der Große, Magdeburg und Europa*, hg. von Matthias Puhle, 2 Bde., Mainz 2001; *Kaiserin Theophanu. Begegnung des Ostens und Westens um die Wende des ersten Jahrtausends*, hg. von Anton von Euw/Peter Schreiner, 2 Bde., Köln 1991; *Kaiser Heinrich II. 1002–1024*, hg. von Josef Kirmeier/Bernd Schneidmüller/Stefan Weinfurter/Evamaria Brockhoff, Stuttgart 2002. Alle Werke informieren durch eine Vielzahl prägnanter Beiträge mit hervorragenden Abbildungen, Karten und Graphiken zu fast allen Bereichen des Lebens.

Wissenschaftliche Tagungen: *Ottonische Neuanfänge*, hg. von Bernd Schneidmüller/ Stefan Weinfurter, Mainz 2001; *Otto III. – Heinrich II. Eine Wende?*, hg. von dens., Sigmaringen 1997; *Europa im 10. Jahrhundert. Archäologie einer Aufbruchszeit*, hg. von Joachim Henning, Mainz 2002; *Aufbruch ins zweite Jahrtausend. Innovation und Kontinuität in der Mitte des Mittelalters*, hg. von Achim Hubel/Bernd Schneidmüller, Ostfildern 2004; *Herrschaftsrepräsentation im ottonischen Sachsen*, hg. von Gerd Althoff/Ernst Schubert (Vorträge und Forschungen 46), Sigmaringen 1998; *Le Roi de France et son royaume autour de l'an Mil*, hg. von Michel Parisse/Xavier Baral i Altet, Paris 1992; *Polen und Deutschland vor 1000 Jahren*, hg. von Michael Borgolte, Berlin 2002; *Il secolo di ferro. Mito e realtà del secolo X* (Settimane di studio 38) Spoleto 1991. Die Bände bieten den Stand der Forschungsdiskussion zu vielen aktuellen Fragen.

Monographien/Aufsätze: Gerd Althoff, *Spielregeln der Politik im Mittelalter*, Darmstadt 1997; Ders., *Inszenierte Herrschaft. Geschichtsschreibung und politisches*

Handeln im Mittelalter, Darmstadt 2003; Ders., *Das ottonische Reich als Regnum Francorum?*, in: Deutschland und der Westen Europas im Mittelalter, hg. von Joachim Ehlers, Stuttgart 2002, S. 235–261; Ders., *Zum Verhältnis von Norm und Realität in sächsischen Frauenklöstern der Ottonenzeit*, in: Frühmittelalterliche Studien 40 (2006) S. 127–144; Jacek Banaszkiewicz, *Ein Ritter flieht oder wie Kaiser Otto II. sich vom Schlachtfeld von Cotrone rettete*, ebd. S. 145–165; Matthias Becher, *Rex, Dux und Gens. Untersuchungen zur Entstehung des sächsischen Herzogtums im 9. und 10. Jahrhundert*, Husum 1996; Charles R. Bowlus, *The Battle of Lechfeld and its Aftermath, August 955*, Aldershot/Hants 2006; Joachim Ehlers, *Die Entstehung des deutschen Reiches* (Enzyklopädie deutscher Geschichte 31) München ²1998; Heinrich Fichtenau, *Lebensordnungen des 10. Jahrhunderts. Studien über Denkart und Existenz im einstigen Karolingerreich*, München 1992; Winfrid Glocker, *Die Verwandten der Ottonen und ihre Bedeutung in der Politik. Studien zur Familienpolitik und zur Genealogie des sächsischen Kaiserhauses*, Köln u. a. 1989; Knut Görich, *Kaiser Otto III. und Aachen*, in: Krönungen. Könige in Aachen – Geschichte und Mythos. Katalog, hg. von Mario Kramp, Mainz 2000, Bd. 1, S. 275–282; Erich Herzog, *Die ottonische Stadt. Die Anfänge der mittelalterlichen Stadtbaukunst in Deutschland*, Berlin 1964; Hartmut Hoffmann, *Buchkunst und Königtum im ottonischen und frühsalischen Reich*, 2 Bde., Stuttgart 1986; Hagen Keller, *Ottonische Königsherrschaft. Organisation und Legitimation königlicher Macht*, Darmstadt 2002; Ders., *Ritual, Symbolik und Visualisierung in der Kultur des ottonischen Reiches*, in: Frühmittelalterliche Studien 35 (2001) S. 23–59; Ders., *Das ottonische Kirchenreich und Byzanz*, in: Cristianità d'Occidente e Cristianità d'Oriente (secoli VI–XI), (Settimane di studio 51) Spoleto 2004, S. 249–288; Ders., *Das 'Erbe' Ottos des Großen. Das ottonische Reich nach der Erweiterung zum Imperium*, in: Frühmittelalterliche Studien 41 (2007, im Druck); Ludger Körntgen, *Königsherrschaft und Gottes Gnade*, Berlin 2001; Karl J. Leyser, *Herrschaft und Konflikt. König und Adel im ottonischen Sachsen*, Göttingen 1984 (engl. London 1979); Henry Mayr-Harting, *Ottonische Buchmalerei. Liturgische Kunst im Reich der Kaiser, Bischöfe und Äbte*, Stuttgart – Zürich 1991 (engl. London 1991); Ders., *Church and Cosmos in Early Ottonian Germany*, Oxford 2007; Rudolf Schieffer, *Der geschichtliche Ort der ottonisch-salischen Reichskirchenpolitik* (Nordrhein-Westfälische Akademie der Wissenschaften, Geisteswissenschaften 352) Opladen 1998; Bernd Schneidmüller, *Wahrnehmungsmuster und Verhaltensformen in den fränkischen Nachfolgereichen*, in: Deutschland und der Westen Europas (wie oben), S. 263–302; Stephan Waldhoff, *Der Kaiser in der Krise? Zum Verständnis von Thietmar IV, 48*, in: Deutsches Archiv für Erforschung des Mittelalters 54 (1998) S. 23–54 (zur Religiosität Ottos III.). Beiträge in den Kataloghandbüchern und den wissenschaftlichen Tagungsbänden sind hier nicht eigens aufgeführt.

Register

127